AF452030

PROCÉS

INTENTÉ

A MESSIRE ADAM JOSEPH BARON

DE SOTELET,

DU St. EMPIRE ROMAIN, &c. CONSEILLER DES
FINANCES ET DIRECTEUR GENERAL DES
DROITS DE SA MAJESTÉ IMPERIALE
ET CATHOLIQUE AUX PAYS-BAS.

PAR LES

CONSEILLERS FISCAUX

DE SADITTE MAJESTÉ

PARDEVANT

SON GRAND CONSEIL A MALINES

PREMIERE PARTIE.

Où sont comprises differentes pieces qui doivent avoir servis
d'informations preparatoires.

M. DCC. XXXVIII.

PROCÈS

AVERTISSEMENT.

POUR prendre une parfaite connoissance de cette Cause il eut été necessaire de mettre ici les Pieces qui ont pû servir d'informations preparatoires ; mais comme il est impossible de les avoir, parce que (comme on le pretend) il n'est pas de stil au Grand Conseil de les communiquer à un Accusé. On a cru devoir supléer à ce defaut en rejoignant toutes celles dont on a eu connoissance, & que l'on a remarqué, hors des Interrogatoires, avoir pû servir ausdittes Informations. C'est pourquoi on fera suivre le Compte & autres Pieces que le Directeur a produites au mois d'Août 1736. le Recueil des Points proposez par ceux des Finances en Novembre suivant avec les reponses du Directeur. Autre Recueil des nouveaux Points delivrez par les mêmes en Janvier 1737. aussi avec les reponses fournies en Fevrier, Copie de la Consulte remise au Gouvernement sur la même matiere, la Critique d'icelle & un Recueil des preuves qui servent pour toutes les Pieces precedentes.

PREFACE.

UN Recueil des Piéces qui s'anoncent affez d'elles mêmes par les tîtres qu'elles portent, & par les Reflexions qu'on y joint, ne paroit guère avoir befoin de Préface:

Et fi une Préface ne doit fervir qu'à préparer le Lecteur; cette préparation ne l'avancera pas ici de beaucoup; puifque ce n'eft qu'après la Lecture entiere de ces Piéces, qu'il pourra dire qu'il eft au fait.

Cependant, comme il fe trouve des gens fu-perficiels, ou naturellement pareffeux, qui pour-roient fe rebuter, fi l'on entroit trop brufque-ment en matiere; l'on efpere qu'un peu de con-defcendance pour tâcher de contenter tout le monde, ne déplaira point aux efprits vifs & d'une plus grande pénetration : d'autant plus que ce préambule ne fera pas affez long pour arrêter leur impatience.

La derniere affaire fufcitée au Baron de So-telet avec tant d'éclat & d'infamie; fon zèle ac-tif & vigilant pour le fervice du Maître & fon integrité reconnue par tout ce qu'il y a d'hon-nêtes gens: la prévention où l'on eft, que des perfonnes en place n'oferoient en impofer à leur Souverain par des accufations vagues; & l'im-poffibilité qu'il y a de concilier des chofes fi op-pofées, depuis près de deux ans qu'on a intenté

*

le

le Procès & auquel on commence seulement à donner quelque forme : sont de trop puissants motifs pour ne pas souhaiter de sortir d'incertitude, & de connoître enfin la verité. C'est le but qu'on se propose maintenant par ce Recueil qui est divisé en-trois Parties. On verra dans la premiere.

1°. Une Balance de compte dressée par le Conseil des Finances, & remise au B. De Sotelet, en Juillet 1736. qui le charge d'une somme d'environ 63. mille florins comme divertie à son profit. Et une Contrebalance par laquelle le B. De Sotelet démontre qu'il n'a surpassé la somme accordée pour les fraix de sa direction, que de 25. à 26. mille fl. employés à une dépense extraordinaire, indispensable, de la connoissance du Conseil & particulierement de S. E. le Comte d'Harrach Grand Maître de la Cour de la Serenissime Gouvernante des Païs-bas.

2°. Les Points proposés par ceux des Finances au B. De Sotelet, lui remis le 24. Novembre 1736. & les Réponses satisfaisantes qu'il y a faites.

3°. Quelques nouveaux Points produits au mois de Janvier 1737. dans lesquels ces Messieurs se sont retranchés ; qui consistent en sept ou huit comptes fabriqués sur de fausses suppositions ; & où le B. de Sotelet a prouvé avec évidence qu'ils se sont trompés volontairement de plus de 36. mille florins.

4°. La

4e. La très sage, très moderée & très équitable Consulte du Conseil des Finances, présentée dans le ~~même~~ mois de Fevrier à S. A. S. pour l'induire à s'assurer de la personne du B. De Sotelet, & à le de mettre de sa Direction, & qui a occasionné son Arrêt à Vienne au mois d'Avril suivant. Avec les Reponses critiques à tous les Articles au nombre de 56. La Conclusion en est des plus curieuses.

5°. Un Recueil des Pieces servant de preuves, que manifestent la Droiture du B. De Sotelet, & qui satisferont pleinement tout Lecteur raisonnable & desinteressé.

La seconde Partie comprend les cinq Interrogatoires que le B. De Sotelet a subis en la Conciergerie du Grand Conseil à Malines depuis le 12. d'Août 1737. deux mois & demi après sa detention, jusques & compris la Sentence provisionelle du 10. de Fevrier 1738. Ces Interrogatoires contiennent près d'un millier d'Articles, rejettons pour la plûpart de la fameuse Consulte. Parmi une quantité de faux, de frivoles, d'inutiles & de captieux, formés selon le style ordinaire; il s'en trouve plusieurs, auxquels on a donné un certain tour malin & séduisant qu'on sent bien ne pouvoir venir que de la part des Finances, & qui feroit croire à la premiere vuë que l'Accusé est réellement coupable. Mais dès que ces mêmes Articles sont developpés & éclaircis par les réponses

ponſes ; le crime apparent s'évanouït, & il ne reſte aux accuſateurs que la honte & la confuſion.

Enfin la troiſiéme Partie contient l'Applicat des preuves litterales fourni par les Conſeillers Fiſcaux ; les Reponſes du B. De Sotelet ; les Preuves au contraire &c.

Voilà de quoi eſt compoſé le préſent volume, ſi l'on en fait la Lecture avec un peu d'attention, & en ſe dépouillant de toute partialité ; il n'y a perſonne qui ne ſe rappelle cette verité trop eprouvée ſçavoir, qu'une autorité uſurpée & ſoutenuë par l'impoſture, eſt capable de ſe porter aux derniers excès, pour opprimer l'objet de ſa haine & de ſa jalouſie.

RECUEIL

DES

PIECES

QUI ONT ETE PRODUITES A L'OCCASION

DE LA

PREMIERE CONTESTATION

SUSCITEE AU

DIRECTEUR

DES DROITS

En Juin 1736.

M. DCC. XXXVIII.

TABLE

DEDUCTION DU FAIT.

L E Baron DE SOTELET Directeur General des Droits de Sa Majesté aux Païs-Bas, aiant été mandé à Vienne en Decembre 1735. pour des raisons du service, ne pût être de retour à Bruxelles, qu'au commencement de Juin 1736.

Il s'apliqua d'abord à revoir ce qui avoit été fait pendant son abfence touchant la direction des Droits qui lui eft confiée, & il fut extremement furpris d'apprendre, que le Confeil avoit enjoint au Fifcal des Finances d'informer à fa charge.

L'on produit ci joint les copies des Lettres que ce Fifcal avoit écrit, tant aux Juges deleguez de chaque Departement, qu'aux Controleurs de chaque Bureau principal.

Le Directeur fe plaignit à S. E. le Grand Maître de cette difpofition faite fans fujet, ni motif: le priant cependant, que puifque le mal étoit deja fait, on lui laifsât avoir fon cours, parceque l'on n'avoit rien à craindre, & que la feule grace de laquelle on le fupplioit dans cette rencontre, étoit de faire communiquer au Directeur les befognez qui viendroient à fuivre cette perquifition, ce que S. E. promit gratieufement.

Pendant que ces Lettres faifoient un grand vacarme dans tous les Bureaux, & avoient prefque aneanti toute la fubordination, qui eft neceffaire pour retenir en bride des Officiers, qui ne font que trop difcoles: & que l'on vaquoit de force à prendre ces informations. Peut-être même après, que les principaux befognez étoient deja de retour, & que l'on n'y avoit pas trouvé ce, à quoy on s'attendoit.

Le Confeil des Finances fit dreffer un pretendu compte de la rentrée en Caiffe de tous les Bureaux pour un an revolu avec le mois de Juin 1736. par lequel compte il alleguoit, qu'il manquoit à la Caiffe de S. M. une fomme d'environ 63000. fl. laquelle il ne doutoit pas, que le Directeur avoit detourné à fon profit particulier : quand il ne s'agit que

A

d'accufer , ce Confeil eft fertile en belles expreffions , mais lorfqu'il faut produire des preuves , on ne fait que fuir.

Si accufare fufficiat , quis erit innocens. Cicero in Verrem.

Pendant cet intervale le Directeur des Droits preffoit S. E. le Grand Maître , & le fupplioit de luy faire avoir la vifion du befogné, que le Fifcal avoit dreffé à fa charge , comme Sad. E. lui avoit promis : Un jour il n'étoit pas encore achevé, l'autre fois il étoit remis en Finances, & l'on promettoit toûjours que l'on en auroit toute communication.

Mais enfin le Directeur des Droits étant encore venu à la charge à la fin de Juillet 1736. S. E. eut la bonté de lui dire , qu'il avoit parlé à ceux des Finances pour lui faire avoir cette communication ; qu'ils avoient repondu , qu'on avoit examiné ce befogné du Fifcal , & que l'on n'y avoit trouvé aucune chofe qui regardoit le Directeur , c'eft pourquoi il étoit inutile de le lui communiquer.

Le Directeur repondit à S. E. que cette reponfe des Financiers étoit une mauvaife defaite, mais que puifque de leur aveu propre on n'avoit trouvé la moindre chofe, à la charge du Directeur des Droits , il fupplioit très humblement S. E. de lui faire donner tel-le fatisfaction qu'il convenoit fur cette induë demarche, quifqu'el-le avoit fletri fa reputation

L'on ne put avoir de reponfe fur cette nouvelle demande, quoi qu'elle fut très fondée en Juftice, & l'on fit au contraire une di-greffion , qui demontroit dez lors , queffle Confeil des Finances n'avoit pû reuffir dans fes deffeins par cette perquifition inouïe , il ne defefperoit pas au moins de recouvrer d'autres moyens.

Ce fut pour lors , que S. E. le Grand Maître remit au Di-recteur des Droits le Bilan de la rentrée en Caiffe produit par le Confeil des Finances en lui difant , qu'il étoit d'autant plus obli-gé de l'examiner , que le Confeil le chargeoit d'avoir detourné à fon profit une fomme d'environ 63000. fl.

Le Directeur repondit , qu'il étoit connu à S. E. qu'il n'avoit aucun maniment de la Caiffe ; que c'étoit à ceux des Finances à faire rentrer les Deniers ; & qu'il les defioit de prouver, que lui Directeur auroit touché une obole des deniers apartenants à Sa Majefté.

Que cependant pour donner à S. E. la fatisfaction , qu'elle de-mandoit ; il examineroit le compte de cette rentrée en Caiffe , que le Confeil avoit produit , & qu'il tacheroit de faire voir à S. E. la fau-feté de leurs alleguez,

Ce Compte fut donc remis au Directeur à la fin du mois de Juillet 1736.

Le Directeur vacqua d'abord à cet examen, il reconnu que ce Compte étoit dreſſé ſur les états des Controleurs, qui ſont la plus part fautifs ; qu'il étoit dirigé avec la malice la plus noire, & qu'enfin il étoit rempli d'autant de fautes, qu'il y avoit de lignes.

Enſorte qu'il eſtimât, qu'il auroit plûtôt dreſſé un Compte au juſte & detaillé de tous les Bureaux, tant pour le produit, que pour les païemens & les fraix, que de critiquer ; comme il auroit convenu de le faire, le Compte que les Finances venoient de produire.

Comme un ouvrage de cette eſpece ne pouvoit ſe jetter en moule, y aiant vingt-un Bureaux principaux & plus de deux cens ſubalternes, on ne pût le fournir, que le 20. & le 22. Août 1736. jours auxquels on le remit à S. E. le Grand Maître.

Depuis lors & juſqu'au 24. Novembre 1736. terme auquel S. E. indiqua la premiere Jointe pour traiter de ces difficultez. On n'a plus parlé au Directeur de cette conteſtation.

L'on trouvera ici de ſuite toutes les Pieces, que le Directeur à fourni à S. E. le Grand Maître en Août 1736.

Balance de Caiſſe concernante les Droits d'Entrée & Sortie pour une Année revoluë en Juin 1736.

La Piece cottée A demontre, que les Droits de Sa Majeſté ont produit pendant une année revoluë à la fin du mois de Juin de l'an 1736. la ſomme de - - - - f 1654483 : 8 : 7

La Piece cottée B donne des payemens pour une ſomme de - - f 1328138 : 13 : 3

Et celle cottée C des fraix pour - - - - f 240000 : :

f 1568138 : 13 : 3

Il reſteroit à renſeigner - - - - - f 86344 : 15 : 4

On a reproduit avec ces Pieces tout le detail de chaque Bureau & on a remit le tout à Son Excellence le Grand Maître le 20. Août 1736.

Voyez enſuite la balance purgative laquelle eſt rejointe.

A   *RECETTE.*

Les Droits d'Entrée , Sortie &c. de S. M. I. &
C. aux Païs-Bas , ont produit pendant les
six derniers mois de l'an 1735. comme il se
trouve repris au detail de la Piece cottée Nᵒ. 1ᵒ. f 795547 : 1 : 6
Et pendant les six premiers mois de l'an 1736.
comme à la Piece cottée Nᵒ. 2ᵒ.   f 858936 : 7 : 1

                              Total. f 1654483 : 8 : 7

Nᵒ. 1ᵒ. *Produit total des Droits d'Entrée &c. pendant les six derniers mois de l'an 1735.*

Bruxelles	f	51483	: 8	: 9
Anvers	f	46552	:	:
St. Philippe	f	135814	: 14	:
Turnhout	f	22650	: 14	: 9
Tirlemont	f	25366	: 18	:
Roermonde	f	13847	: 6	: 6
Navagne	f	50260	: 8	: 8
Namur	f	25893	: 13	:
Charleroy	f	6465	: 18	: 1
Beaumont	f	5355	:	: 3
Mons	f	35836	: 9	: 10
Tournay	f	22303	:	: 5
Courtray	f	9412	: 19	: 2
Ipres	f	35049	: 10	: 1
Nieuport	f	8721	: 18	: 2
Oftende	f	39597	: 11	: 11
Bruges	f	92655	: 15	: 3
Gand	f	69898	: 5	: 6
Luxembourg	f	34068	:	: 4
Marche	f	20673	: 14	: 11
Florenville	f	7988	: 2	: 7
St. Vith	f	35651	: 11	: 4

                              f 795547 : 1 : 6

Nᵒ. 2ᵒ. *Produit total des Droits d'Entrée &c. pendant les six premiers mois de l'an 1736.*

Bruxelles	f	46376	: 7	: 10
Anvers	f	41766	: 19	: 3
St. Philippe	f	163899	: 3	: 3
Turnhout	f	17196	: 9	: 6
Tirlemont	f	25318	: 4	: 9
Roermonde	f	13931	: 1	: 4
Navagne	f	45208	: 10	: 5
Namur	f	25413	: 12	: 9
Charleroy	f	7120	: 13	- 3
Beaumont	f	4505	: 16	: 7
Mons	f	38776	: 12	: 1
Tournay	f	26472	: 6	: 11
Courtray	f	13195	: 14	: 1
Ipres	f	32622	: 14	: 7
Nieuport	f	10812	: 2	: 9
Oftende	f	31120	: 4	: 11
Bruges	f	139854	: 11	: 9
Gand	f	69645	: 17	: 5
Luxembourg	f	40831	: 8	: 11
Marche	f	23200	: 18	: 3
Florenville	f	9501	: 2	:
St. Vith	f	32165	: 14	: 6

                              f 858936 : 7 : 1

PAIEMENTS.

B

PAIEMENTS.

Les Receveurs principaux des Droits ont payé tant à la Recette generale de Sa Majefté, aux Etats de Brabant & à ceux de Flandres, que pour differents fraix, qui tombent à la charge de Sa Majefté, fçavoir.

Pendant les fix derniers mois de l'an 1735. comme au detail de la Piece cottée N^O. 5°. f 608016 : 4 : 8

Et pour les fix premiers mois de l'an 1736. comme à la Piece cottée N^O. 7°. - - - f 701200 :18 : 8

Aux Controleurs de Sa Majefté - - - f 18921 :10 : 11

f 1328138 : 13 : 3

N^O. 5°. *Payemens faits par les Officiers des Droits à compte des fix derniers mois de 1735.*

		£ s d		
Bruxelles	-	f 5735 :	7 :	9
Anvers	-	f 40420 :	9 :	3
Turnhout	-	f 17347 :	:	5
Tirlemont	-	f 21354 :	13 :	3
Roermonde	-	f 10454 :	16 :	11
St. Philippe	-	f 134564 ;	14 ;	
Navagne	-	f 43251 :	7 :	6
Namur	-	f 18649 :	7 :	6
Charleroy	-	f 3187 :	7 :	
Beaumont	-	f 2731 :	4 :	7
Mons	-	f 27295 :	8 :	
Tournai	-	f 16846 :	5 :	3
Courtray	-	f 4361 :	5 :	10
Ipres	-	f 27576 :	19	1
Nieuport	-	f 5494 :	14 :	11
Bruges	-	f 84905 ;	19 ;	11
Gand	-	f 61947 ;	12 ;	
Luxembourg	-	f 81891 ;	11 ;	6

f 608016 : 4 : 8

N^O. 7°. *Payemens fait par les Officiers des Droits à compte des fix premiers mois de 1376.*

		£ s d		
Bruxelles	-	f 4572 :	13 :	3
Anvers	-	f 34704 :	14 :	6
Turnhout	-	f 11272 :	13 :	8
St. Philippe	-	f 160242 :	11 :	9
Tirlemont	-	f 20932 :	6 :	4
Roermonde	-	f 10583 :	3 :	10
Navagne	-	f 33255 :	2 :	6
Namur	-	f 17431 :	:	
Charleroy	-	f 3545 :	18 :	9
Beaumont	-	f 1283 :	;	11
Mons	-	f 29584 :	18 :	7
Tournay	-	f 21125 :	16 :	7
Courtray	-	f 7873 :	4 :	1
Ipres	-	f 26009 :	7 :	10
Nieuport	-	f 9312 ;	4 ;	9
Oftende	-	f 28469 ;	4 ;	11
Bruges	-	f 132552 ;	14 ;	9
Gand	-	f 61444 :	12 ;	6
Luxembourg	-	f 87005 ;	9 ;	1

f 701200 : 18 : 8

FRAIX &c.

C Les Fraix ordinaires pour les Officiers des Droits d'Entrée, & Sortie de S. M. I. & C. ont couté pendant les six derniers mois de l'an 1735. comme le porte le detail de la Piece cottée Nº. 3º. - - - - - - - - - - - f 98583 : 13 : 11

Et pour les six premiers mois de l'an 1736. comme à la Piece cottée Nº. 4º. - - f 105125 : 12 : 3

Les Fraix extraordinaires des mêmes Bureaux comme à la Piece cottée Nº. 6º. - f 6858 : 16 : 5

	f 210568 : 2 : 7

Et pour completter les 240000. fl, il y faut adjouter celle de - - - - - - - f 29431 : 17 : 5

	f 240000 : :

Nº. 3º. Fraix ordinaires des Bureaux des Droits d'Entrée & Sortie pour les six derniers mois de l'an 1735.

Bruxelles	f 9844 ; 19 ; 3
Anvers	f 5682 ; 11 ; 9
St. Philippe	f 1250 ; ;
Turnhout	f 5100 ; 5 ; 8
Tirlemont	f 3640 ; 13 ; 7
Roermonde	f 3040 ; 13 ; 7
Navagne	f 6918 ; 10 ; 1
Namur	f 7161 ; 16 : 9
Charleroy	f 2857 ; 6 - 6
Beaumont	f 2569 ; 3 ; 4
Mons	f 8200 ; 7 ; 5
Tournay	f 5290 ; 4 ; 5
Courtray	f 4630 ; 13 ; 4
Ipres	f 6506 ; 12 ; 11
Nieuport	f 1336 ; 13 ;
Oftende	f 2053 ; 6 ; 8
Bruges	f 7372 ; 18 ; 7
Gand	f 7540 ; 6 ; 4
Luxembourg	f 5251 : 13 : 1
Marche	f 4506 : 4 : 1
Florenville	f 2849 : 4 : 8
St. Vith	f 3625 : :

f 107828 ; 13 ; 11

De laquelle somme il faut deduire les gages des Controleurs qui y font compris. f 9245 ; 10 ;

f 98583 . 3 . 11

Nº. 4º. Fraix ordinaires des Bureaux des Droits d'Entrée & Sortie pour les six premiers mois de 1736.

Bruxelles	f 10631 . 16 . 6
Anvers	f 6053 . 6 . 10
St. Philippe	f 1249 . 19 .
Turnhout	f 5099 . 18 . 3
Tirlemont	f 4200 . .
Roermonde	f 3072 . .
Navagne	f 7959 . 18 .
Namur	f 7771 . 4 . 3
Charleroy	f 3315 . .
Beaumont	f 3222 . 15 . 8
Mons	f 8369 . 10 .
Tournay	f 5139 . 18 .
Courtray	f 4825 . .
Ipres	f 6745 . .
Nieuport	f 1379 . 19 . 6
Oftende	f 2680 . .
Bruges	f 7301 . 17 .
Gand	f 8171 . 5 .
Luxembourg	f 5065 . 12 . 6
Marche	f 5005 ; 6 ; 8
Florenville	f 3640 ; ;
St. Vith	f 3902 ; 8 ;

f 114801 . 15 . 2

On deduir les gages des Controleurs. f 9676 . . 11

f 105125 . 12 . 3

N°. 60. *Fraix extraordinaires des mêmes Bureaux pour les*
six derniers mois de 1735.

Bruxelles	- - - -	f 1016 : 13 :
Anvers	- - - -	f 688 : 18 :
Turnhout	- -	f 536 : 8 :
Tirlemont	- -	f 338 : 19 : 6
Navagne	- - -	f 163 : 15 : 11
Namur	- - - -	f 615 : 12 : 6
Charleroy	- - -	f 212 : 2 :
Beaumont	- - -	f 130 : 16 : 8
Mons	- - -	f 486 : 2 : 10
Tournay	- - -	f 231 : 10 : 8
Courtray	- - -	f 533 : : 3
Ipres	- - -	f 647 : 14 : 6
Bruges	- - -	f 666 : 13 : 9
Gand	- - -	f 191 : :
Luxembourg	- -	f 399 : 2 : 10

f 6858 : 10 : 5

Balance purgative de la somme à renseigner dans la Balan-
ce de Caisse precedente, concernante les provenus des Droits
d'Entrée pour un an revolu avec Juin 1736.

Il restoit a être renseigné par cette Balance la somme de - - - - - - - f 86344 : 15 : 4

Cette somme se trouve dans les parties suivantes,
sçavoir

En redevance de plusieurs Receveurs selon
la liste ci jointe - - - - f 60106 : 12 : 5
Et en ce que les fraix des Officiers impor-
tent de plus - - - - - f 25948 : 2 : 7

f 86054 : 15 :

On a reproduit avec ces Pieces tout le detail complet de chaque Bureau, & on a remit le tout à S. E. le Grand Maître le 22. Août
1736.

Lifte des fommes que les Receveurs principaux redoivent à la Caiffe de S. M. fur l'année revoluë dans le mois de Juin de l'an 1736.

Par folde de leur compte des fix mois de l'an 1735.

Navagne	-	f	283 : 4 : 7	
Charleroy	-	f	209 : 2 : 7	
Ipres	- -	f	501 : 16 : 11	
Bruges	- -	f	150 : 4 :10	
Luxembourg	-	f	602 : 5 : 5	

f   1745 : 14 : 4

Et fur les fix mois fuivans

Bruxelles	-	f 10678 : 6 :10	
Anvers	- -	f 768 : 18 : 11	
Turnhout	-	f 490 : 18 : 3	
Navagne	-	f 3920 : 4 :10	
Roermonde	-	f 627 : 13 : 6	
Charleroy	-	f 468 : 14 : 3	
Mons	- -	f 676 : 15 : 1	
Tournay	- -	f 141 : 12 : 5	
Courtray	-	f 385 : 9 : 9	
Ipres	- -	f 186 :10 : 4	
Nieuport	-	f 2010 : 8 : 9	
Oftende	-	f 36915 : 5 : 3	
Gand	- -	f 249 : 17 : 1	
Luxembourg	-	f 839 : 2 :10	

f 60106 : 12 : 5

Balance touchant les fraix de la Direction des Droits d'Entrée &c.

Il eft demontré par le detail de la Piece qui eft cottée de la lettre C que la depenfe des Officiers des Droits a couté pendant un an revolu avec le mois de Juin 1736. une fomme de   f 210568 : 2 : 7

Et par la Piece cottée de la lettre D que le Directeur n'a reçu du Receveur de Bruxelles pendant le mème terme que la fomme   f 55380 : :

Enforte que cette depenfe totale fe porte à la fomme de f 265948 : 2 : 7

Et de laquelle fi l'on deduit celle de 240000. fl. accordée pour les fraix ici   f 240000 : :

Il fuivra que la depenfe à furpaffé de   f 25948 : 2 : 7

Difference

Difference, que l'on retrouvera ci après : & depenſe extraordinaire, qui eſt provenuë à cauſe de la traite des Chevaux, que l'on faiſoit en contrebande & pour laquelle il a fallu augmenter de beaucoup le nombre des Officiers.

D   *Detail des ſommes, que le Directeur des Droits a reçû du Receveur de Bruxelles depuis le premier Juillet 1735. juſqu'au 20. Août 1736.*

Selon quatre quitances delivrées ſçavoir

3. Juillet 1736. - - -	f 35059 : 8 : 9
dito - - - - -	f 17235 : 5 : 10
4. Août - - - -	f 12264 : 8 : 10
- - - - - -	f 845 : 5 :
	f 65404 : 8 : 5

Il venoit au Directeur pour les douze mois dont il eſt queſtion à cette balance la ſomme de f 55380 : :

Et pour le mois de Juillet & Août 1736 f 9230 : :

Ce qui eſt la preuve - - - - f 65210 : :

Copie des Lettres du Conſeiller Fiſcal des Finances.

Aux Juges deleguez.

MONSIEUR,

LE Conſeil des Finances m'aiant chargé, enſuite des ordres de S. A. S. de ramaſſer toutes les plaintes qu'il peut y avoir tant contre Monſieur le Baron DE SOTELET Conſeiller Directeur General des Droits d'Entrée Sortie &c. que contre ſes Employés, je vous fais cette pour vous requerir & neanmoins au nom & de la part de S. M. ordonner de vous informer le plus ſecretement que vous pourrez dans l'etenduë de votre Département, de tout ce que ledit Sieur Baron, ou ſes Emploiés peuvent avoir commis qui reſſent la concuſſion, vexations & l'oppreſſion des Sujets, ou la contravention au Tarif, Reglemens & Ordonnances de S. M. & de me remettre les informations que vous deterrerez à ce ſujet : afin que S. A. S. &

tant informée de toutes ces plaintes, elle puiſſe y apporter les remedes convenables ſi le cas y echoit, entre tems j'ai l'honneur d'être parfaitement.

MONSIEUR,

> *Votre très-humble & très-obéiſſant*
> *Serviteur* ſigné *J. H. Creſckens.*

Bruxelles ce 11. *Juin* 1736.

Aux Contrôleurs des Bureaux principaux.

MONSIEUR,

LÉ *Conſeil des Finances* m'aiant chargé de ramaſſer toutes les plaintes qu'il peut y avoir tant contre *Monſieur le Baron* DE SOTELET, *Conſeiller Directeur General des Droits d'entrée & de ſortie &c.* que contre ſes *Employés,* je vous fait cette pour vous requerir & neanmoins au nom & de la part de S. M. ordonner de vous informer le plus ſecrettement que vous pourrez des dites plaintes dans l'étenduë de votre *Departement,* & de me remettre les informations que vous deterrerez à ce ſujet : je ſuis très-parfaitement

MONSIEUR,

> *Votre très-humble & très-obéiſſant*
> *Serviteur* ſigné *J. H. Creſckens.*
> *Conſeiller Fiſcal des Finances de S. M.*

*Recueil des Points à proposer au Baron DE SOTELET dans
une jointe à tenir en préfence de S. E. le Grand Maître
avec les Reponses qu'il y a faites.*

Ce Récueil a été remis au B.
DE SOTELET en la jointe du 24. Novembre 1736.
Et les Reponfes par écrit ont
été remifes à S. E. le 6. Decembre fuivant.

ARTICLE I. à propofer.

Demander, fi par le deuxiéme Article de fa foumiffion & commiffion il n'eft pas obligé de faire rembourfer les avances des Receveurs, qu'il deftitueroit, par ceux qu'il commettroit à leurs placés, & fi contre cette obligation il n'a pas fait rembourfer des deniers de la Recette de Luxembourg à N. Laiskin Receveur de Bihain departement de St. Vith en la Province de Luxembourg l'avance de mille florins.

REPONSE.

Le Directeur des Droits convient, que felon l'un des articles de fa commiffion & lors qu'il s'agit de deplacer un Officier pour en mettre un autre, le nouvel Officier doit préalablement rembourfer le precedent des avances, qu'il a fait au Gouvernement. Mais lorfqu'un Receveur s'étant rembourfé de fes avances, quitté de fon chef avant que le Directeur y ait pourvû d'un nouveau, il n'eft que trop clair, que ce rembourfement ne peut être fait, que de la Caiffe de S. M. puifque le Directeur n'y a aucune part, & qu'il n'auroit pas même eû le loifir d'y pourvoir d'une autre, & c'eft le cas du prefent article. Laiskin s'eft rembourfé, & il a fallu que la Caiffe en feroit chargée, jufqu'à ce qu'il fe prefentât quelqu'autre, qui fourniroit à ce vuide, & c'eft ce qui a été executé dans le cas prefent, puifque Pieret actuelement Receveur à Bihain a rembourfé les deniers de l'avance de Laiskin, que le Receveur de Luxembourg en a été nanti & même qu'il en a dû faire la remife à la Dame Proli d'Anvers.

A R T I C L E I I.

Et vû le septieme article de sa commission portant.

Que le proposant n'aura aucun maniment des deniers à pro-
venir de ses Droits , sauf ceux de la depense reglée ci aprés ,
mais uniquement le contrôle de l'entrée en Caisse &c.

On demande si par dessus fl. 104846. portés sur son grand Regis-
tre , remis à la Chambre des Comptes pour les gages des Employez ,
pendant les six premiers mois de la Direction , il n'a pas touché des
deniers du Bureau de Bruxelles la somme de fl. 35059. s'il n'a pas fait
païer à ses ordres par le Receveur dudit Bureau fl. 561 . 13 s'il n'a
pas aussi fait païer à ses ordres par le Receveur d'Anvers, pendant lesdits six mois fl. 210. s'il n'a pas fait de même païer à ses ordres par le
Receveur de Turnhout fl. 522 . 1 s'il n'a pas touché du Receveur de
Namur fl. 400. s'il n'a pas fait païer à ses ordres du Receveur de Mons
fl. 425 . 8 & par le Receveur d'Ostende fl. 1140. s'il n'a pas fait compter à Dupaix par le Receveur de Gand fl. 1050. & partant toutes ces
sommes montantes ensemble à celle de - - - - - - - -

Ou lui demande , si ce n'est pas la une , contravention au septiemé
article de sa soumission & en vertu de quoi il s'est avancé de tirer
fl. 24214 . 10 . 10 plus que la somme de 120 mille florins reglée pour
fraix de regie des six premiers mois.

A R T I C L E I I I.

On lui demande , si par dessus toutes ces sommes il n'a pas fait ou
permis de païer par les respectifs Receveurs pour interêt des avances &
fraix ordinairs & extraordinairs des Bureaux la somme de fl. 8125.19.8

Si ces sommes ne font pas partie des fraix de regie , qui ne peuvent
exceder la somme de 120 mille florins pour six mois , & en vertu dequoi il a commis cette seconde contravention aux articles 7. & 8. de
sa soumission.

A R T I C L E I V.

Si la somme de fl. 104846 . 16 . 8 portée ci devant comme païée
pour les gages des Employez a été uniquement & réellement employée
au païemens desdits gages des Employez pour les six premiers mois
de la presente Direction & s'il n'en a rien tiré à son profit à quelque titre ou pretexte que ce puisse être , comme aussi s'il ne croit
pas devoir rendre compte des fraix de regie, pour que la somme
moins emploïée que les 120. mille florins pour six mois revienne
au profit de Sa Majesté.

Reponse aux Articles 2 3. & 4.

Le Directeur dit , que c'est par un pûr accident que le Receveur de Bruxelles a porté dans le compte des six mois une somme de
fl.

fl. 35059. en conformité des quittances, qu'il avoit dans le tems qu'il a fait son decompte & qui étoit plus de quatre mois après le terme d'icelui, à quoi le Directeur, qui n'avoit reçu de mois à autre que ce qui lui competoit, n'a fait aucune attention; parce qu'il lui a paru, qu'étant portée dans un compte ou dans l'autre, cela revenoit au même.

Qu'il a ensuite reçu les autres sommes specifiées à ces articles sur le deuxiéme tiers des confiscations, qui lui apartient & non sur ce qui peut toucher à Sa Majesté, ensorte qu'il n'est en cela rien moins qu'une contravention, non plus que pour avoir fait païer les fraix ordinaires & extraordinaires comme les interêts des avances.

Que le compte qu'il est en état de produire verifiera toutes ces sommes comme il les a deja verifiées, puisqu'il a delivré tous les acquits à ce necessaires.

Que toutes ces sommes ont été emploïées en la maniere qu'elles sont couchées, sans qu'il en ait rien eu à son profit.

Et que quant au compte à rendre des fraix de la regie il se conformera aux conditions de sa Patente.

ARTICLE V.

Si les Employez des Droits de Sa Majesté dans quelques Provinces ne reçoivent pas & ne veillent pas en même tems à la conservation des Droits du 60me. & si pour cette cause il ne reçoit pas une retribution ou gratification, & s'il ne pense pas que ce qui en revient, doit entrer dans le compte desdits fraix de regie.

REPONSE.

Le Directeur General dit, qu'il a permis que dans les Provinces de Namur & de Luxembourg, les Officiers des Droits pourbient veiller egalement aux revenus du haut conduit & 60me. & en faire la perception pour en rendre compte aux Fermiers de ces revenus, pour lequel soin les mêmes Fermiers païent à ces Officiers certaine retribution, sans que lui Directeur sache qu'elle elle est, qu'il estime que cette aisance fait le service de S. M. puisque ces Droits du 60me. & haut conduit font partie de ses Domaines, & font un veritable contrôle de ceux de S. M. & quant a lui il dit n'avoir rien à repondre sur cet article, laisant le Conseil entier, s'il a des preuves, de faire agir le Fiscal à sa charge.

Ajoutant que s'il étoit veritable, que ces Fermiers auroient voulu lui donner quelque gratification de ce chef, il ne pense pas, qu'il dût en faire aucun renseignement, & que si le Conseil croit, que cette permission soit nuisible aux Droits de Sa Majesté, surquoi il estime le contraire, qu'il est prêt à tout moment de la revoquer.

D

ARTICLE VI.

S'il ne fait pas aussi païer par les particuliers des fraix d'avis , qu'il rend en sa qualité de Directeur General , & s'il pretend les retenir ou renseigner avec les fraix de regie.

REPONSE.

Le Directeur General repond , qu'il ne fait païer par les particuliers aucun fraix des avis qu'il rend , qu'il a defendu cette exaction à ses Officiers , par l'un des articles du reglement particulier pour son office , dont il rejoint copie , & qu'il n'a point apris, qu'ils y ayent contrevenu , & il ajoute , que s'il les faisoit paier , à quoi il pense d'être aussi autorisé que tous les Greffes , & le Conseiller de Commerce , il estimeroit n'en devoir faire aucun renseignement , non plus que ne le font les cy dessus touchez

Article onze du Reglemeut particulier pour l'office du Directeur.

Toutes les expeditions du Bureau general seront faites gratis pour quelle causse & à qui que ce puisse être indifferemment , étant deffendu très serieusement à tous les Officiers de prendre à ce titre aucune reconnoissance ou gratuité , ce qui aura aussi le même lieu à l'égard de tous ceux qui feront quelque livrance au Bureau general. Et tous les Officiers ont prêté serment sur ce Reglement le premier Juillet 1735.

ARTICLE VII.

Et si par dessus les 30 mille florins par an que Sa Majesté lui accorde , il pretend retenir à lui le profit qu'il retire des quarrages & revenus des marchandises arretées, de même que l'excedent des confiscations après deduction des fraix, & si ces fraix ne font pas deduits en plusieurs occurrences de la masse totale, avant que le tiers de Sa Majesté soit tiré.

REPONSE.

Le Directeur General dit , qu'en vertu de l'article sixiéme de sa Patente , de même que de l'article 53. de la Patente de regie de l'an 1732. il est tenu de faire renseigner la part competante à Sa Majesté dans les confiscations, amendes & accords, libres de tous fraix , qu'il à ordonné ce renseignement en cette maniere, & qu'il estime que cela est ainsi executé ; qu'au surplus il entend & a le droit de retenir l'excedent des confiscations, apres avoir donné ce qui compete aux exploiteurs & denonciateurs, & de même de profiter du revenant bon des quarrages ; puisqu'il en court tout le

risque & cc , en se conformant à l'article 20. de la Patente de regie
de l'an 1732.

ARTICLE VIII.

Si le nommé Core n'a pas quarré à la fin de Juillet 1735. 9032.
aunes de cottons appartenant à Walkiers de Courtray declaré au Bureau d'Anvers pour la somme de fl. 3672 : 8 & si nonobstant que
ledit Core lui avoit donné part de ce quarrage , & écrit qu'il pouvoit y gagner une somme considerable, il n'a pas relaché ces cottons
pour fl. 300. en vertu de quoi il a fait cet acord & où il a renseigné
ces 300. florins.

*Reponse & deduction du fait qui concerne les cottons pris à
la valeur au Bureau d'Anvers le 30. Juillet 1735.*

La lettre du Receveur principal d'Anvers D. Vandoole du 30 Juillet 1735. fait voir que l'on y avoit pris à la valeur une partie de 9032.
aunes de cottons imprimez declarée pour fl. 3070. & non fl. 3672 : 8
comme le nommé Core l'a avancé , ensorte que l'aune en revenoit à
peu près à sept sols : & comme les autres Marchands étoient accoutu-
mez à declarer les pareils entre huit & neuf sols l'aune ; on ne trouva
pas à propos de donner écoute au Marchand Walkiers à sa premier proposition , & l'on fit la reponse , que l'on rejoint sub N°. 2°.

Mais le 3. du mois d'Août le même Walkiers étant revenu à la charge a reproduit les lettres originalles , que l'on avoit écrit d'hollande à
son Correspondant d'Anvers, par lesquelles il constoit qu'il avoit ordonné que l'on feroit cette declaration à fl. 3070. de change &
non en argent courant, comme on l'avoit fait, ce qu'il offrit de ra-
tifier par serment.

Et comme la difference de l'argent de change au courant revenoit à
peu près à la difference de sa declaration , à celle des autres Marchands,
on crût que l'équité exigeoit qu'un Marchand ne devoit pas être capté,
& qu'il y avoit matiere à faire un accommodement ou plûtôt à reven-
dre la marchandise à un prix raisonnable , c'est ce que l'on fit par la lettre que l'on écrivit le 3. Août au même Receveur Vandoole de laquelle lettre on rejoint copie sub N°. 3°. Selon laquelle & comme le
Marchand Walkiers avoit de lui même offert 200. fl. pour se rache-
ter de cette faute ; l'on convint que parmi fl. 300. il rachetteroit sa
marchandise.

Il est incontestable, que le Directeur étoit autorisé à faire prendre
cette marchandise à la valeur, en vertu de l'article dix de la Patente de
regie de l'an 1732. qui est en pleine vigueur; & que parmi faisant renseigner les Droits afferants à l'augmentation de la valeur, qui se se-

roit trouvée par la vente , il étoit abſolument le maître d'icelle. Il n'y a dans le cas preſent que cette ſeule difference , que ſelon les Ordonnances du 10. & 11. Mars de l'an 1716. & lorſque pareille marchandiſe n'eſt pas venduë publiquement , & en preſence des Contrôleurs, telle autre vente particuliere que l'on en peut faire , doit être renſeignée avec les confiſcations : en quoi même l'article 55. de la même Patente n'obſtoit pas par raport à l'agréation du Conſeil parceque cette vente n'excedoit pas les fl. 300.

Aprés quoi il eſt à remarquer , que le Receveur Vandoole a non ſeulement renſeigné les Droits de l'excreſcence deſdits fl. 300. ſelon la lettre du 3. Août , mais qu'il a auſſi renſeigné leſdits trois cents florins , comme le grand livre des comptes , que le Conſeil a en main , en peut faire foi , & ou l'on trouvera, qu'au mois de Juillet 1735. il a porté fl. 200. pour quarrage avec le deuxiéme tiers des confiſcations , aiant diſtribué les fl. 100. reſtans aux Officiers exploiteurs & la ſeule faute , que le Receveur Vandoole à commiſe , de laquelle le Directeur ne peut être chargé, c'eſt d'avoir porté les fl. 200. qui devoient revenir à Sa Majeſté avec ceux , qui revenoient au Directeur , n'aiant ſans doute pas fait attention aux Ordonnances cy deſſus citées, faute qu'on lui ferat corriger dans ſon rôle du preſent mois de Novembre , en ſouſtraïant fl. 100. du ſecond tiers , pour les porter aux premier ſelon la lettre qu'on lui a ecrite à ce ſujet , & que l'on rejoint en copie ſub N°. 4.°. ne faiſant rien, telle plainte que Core ait pû faire à ce ſujet , puiſqu'il étoit obligé de ſe conformer aux Ordonnances du Directeur , & que s'il a été l'un des exploiteurs , il y aura eû auſſi ſa portion.

Cette deduction & pieces jointes ont été fournies en Finances le 27. Novembre 1736.

Suivent les Lettres mentionnées.

N°. 1.°. *Copie de lettre ecritte par Vandoole au Directeur le 30. Juillet 1735.*

MONSIEUR,

COmme les Officiers ont arreté deux ballots de coton imprimé contenant 9032. aune declaré à fl. 3070. leſquels ballots ils ont pris pour la valeur , & comme les ballots appartiennent à Monſieur Walkiers à Courtray , ledit Sr. vient proteſter , & ne veut recevoir ſon argent avant d'avoir parlé à V. S. c'eſt le ſujet de la preſente lettre que j'ai l'honneur d'adreſſer

dreſſer à V. S. pour l'informer que tous les autres Marchands declarent toûjours ces ſortes de cottons plus haut; les Officiers exploiteurs eſperent que V. S. aura egard pour les ſervices qu'ils font. en attendant l'honneur des ordres à ce ſujet je ſuis &c.

ſigné *Vandoole.*

N°. 2°. On a rejoint copie de la lettre du Directeur qui ſervoit de reponſe à la precedente du premier Août 1735.

N°. 3°. Autre copie de la lettre écrite par le Directeur Generale au même Vandoole du 3. Août 1735.

N°. 4°. La copie de celle que le Directeur à écrite au même Receveur le 27. Novembre 1736. & telle qu'elle va ſuivre.

MONSIEUR,

IL s'eſt gliſſé une erreur dans les ſix premiers mois de votre compte pendant ma direction, en ce que ſans faire attention aux Ordonnances du 10. & 11. Mars 1716. vous avez porté au deuxieme tiers des confiſcations les deux cents florins, qui ont provenus des cottons pris à la valeur à Walkiers en Juillet 1735. & comme cette vente ne s'eſt faite que la main à la main, ſans obſerver les formalitez des criées & autres preſcrites par l'article dix de la Patente de regie de l'an 1732. & que dans ces cas & ſelon les Ordonnances cy deſſus citées, ces ſortes des ventes doivent être renſeignées avec les confiſcations, à quoi mes Officiers n'ont pas pris les égards convenables lors de votre compte, & dequoi le Conſeil m'avertit; vous aurez ſoin, Monſieur, de ſouſtraire fl. 100. hors dudit deuxiéme tiers pour en faire renſeignement au profit de Sa Majeſté dans le preſent mois de Novembre. &c.

ſigné *DE SOTELET.*

ARTICLE IX.

Si par l'article ſeptiéme de ſa ſoumiſſion & neuviéme de ſa commiſſion il n'eſt point obligé de faire entrer ponctuellement en Caiſſe les deniers de la recette des reſpectifs Receveurs, & ſi contre la teneur de ces articles il n'eſt pas reſté en defaut de faire compter par les Receveurs reſpectifs des ſommes conſiderables pour leſdits ſix premiers mois.

REPONSE.

Le Directeur dit, qu'il ne peut plus être queſtion de ſa ſoumiſ-

sion à cet égard , depuis que le Gouvernement a trouvé à propos de
ne pas admettre ce qu'il avoit proposé pour la rentrée en Caisse. Il produit au surplus le contenu de l'article neuvième de sa Patente , dans
lequel on ne verra pas , qu'il soit tenu à faire rentrer les deniers en
Caisse : mais seulement d'y tenir la main , ce qu'il a aussi fait , autant
qu'il lui a été possible , & neanmoins avec très peu de succès, puisque
les deniers ne sont pas rentré à la recette generale, qu'il a toujours été
un très long tems après le terme prescrit, avant de pouvoir en être informé , qu'il s'est trouvé même differents articles desquelles la recette
generale n'avoit aucune connoissance , malgré quoi cependant il n'y a
pas eû des sommes si considerables à rentrer , comme la notte ci jointe le demontre.

Notte & aperçu de ce que les Receveurs des Droit
pourroient redevoir sur l'an revolu en Juin 1736. se-
lon la specification fournie au Directeur.

**Les Receveurs suivans doivent pour le solde du compte
des six premiers mois , sçavoir.**

Navagne	f	283 : 4 : 7
Charleroy	f	209 : 2 : 7
Ipres	f	501 : 16 : 11
Bruges	f	150 : 4 : 10
Luxembourg	f	602 : 5 : 5

Et sur les six mois suivans , sçavoir.

Bruxelles	f	10678 : 6 : 10
Anvers	f	768 : 18 : 11
Turnhout	f	490 : 18 : 3
Navagne	f	3920 : 4 : 10
Roermonde	f	627 : 13 : 6
Charleroy	f	468 : 14 : 3
Mons	f	676 : 15 : 1
Tournay	f	141 : 12 : 5
Courtray	f	385 : 9 : 9
Ipres	f	186 : 10 : 4
Nieuport	f	2010 : 8 : 9
Ostende	f	36915 : 5 : 3
Gand	f	249 : 17 : 1
Luxembourg	f	839 : 2 : 10

Surquoi il eſt à remarquer, qu'aiant d'abord fait le devoir neceſ-ſaire pour faire rentrer ces ſommes, & ſpecialement celles, qui étoient les plus conſiderables. Il s'eſt trouvé que le Receveur de Bruxelles a-voit païé plus de la moitié de ſa redevance à la Secretairie de S. E.

Que le Receveur de Navagne avoit païé des rentes, & debours pour la reparation du Batiment pour la valeur de ſa redevance, que celui d'Oſtende avoit païé ſa redevance tant à la Dame Proli qu'à la recette des Fortifications & que de tous ces païemens ni le Conſeil des Finances, ni la recette generale n'en ſçavoit à parler, ſurquoi on pourra faire telle reflexion que de raiſon.

ARTICLE X.

A demander ſi contre la teneur du Decret formel de S. A. S. & des lettres écrites en conſequence dudit Decret, il ne s'eſt point oppoſé à ce que les Receveurs particuliers rendiſſent leurs comptes à la Chambre, ſous pretexte qu'il rendroit un compte generale pour tous les Receveurs, qui ſeroit plus clair, & plus net, & qui ſe couleroit en peu de jours pour empêcher la longeur & les abſen-ces des Receveurs de leur Bureaux.

REPONSE.

Le Directeur dit, qu'il n'a jamais eu, ni la penſée, ni l'intention de s'oppoſer à aucun des Decrets de S. A. S. quels qu'ils puiſſent être mais il eſt veritable, qu'il a preſenté à S. E. le Grand Maître, que le compte qu'il vouloit produire de tous les Receveurs, ſe-roit plus clair, plus net, & plus intelligible, que ceux que l'on eſt accoutumé de rendre à la Chambre, et occaſionneroit moins de longueur & d'abſence des Officiers : qu'il eſt encore dans les mê-mes ſentimens : qu'il eſt en état de les verifier : & que S. E. le Grand Maître lui avoit permis, ſur l'explication qu'il lui en avoit donnée, de ſuivre provſſionellement cette methode.

ARTICLE XI.

S'il pretend d'y avoir ſatisfait au moïen du grand regiſtre, qu'il a envoïé à la Chambre, & s'il veut faire adopter ce regiſtre pour le ſuſdit compte generale à rendre, & s'il pretend au moïen de ce compte avoir liquidé leſdits ſix premiers mois ſans rien devoir de ce chef à Sa Majeſté.

ARTICLE XII.

Qu'il diſe oui, ou non, on lui fera voir le peu de fondement de ſon oppoſition, & qu'elle n'a été faite que pour tirer la red-dition des comptes en longueur & ſouſtraire la conſiſtance de ſa direction à la connoiſſance du Gouvernement.

REPONSE à *ces deux Articles.*

Le Directeur dit, que tout le compte, que lui Directeur &
tous les Receveurs principaux ont à rendre à la Chambre pour les
six mois dont question, est virtuellement compris dans le regiftre
qu'il a reproduit, sans que l'on puisse faire voir un seul article que
l'on pourroit inferer dans tout tel autre compte dressé comme
le voudra, qui ne soit compris dans ce regiftre, auquel il ne reste
qu'à y ajouter la recapitulation qui a été omise à dessein, afin que
la Chambre eût la satisfaction d'y faire telle correction, qu'elle auroit trouvé convenable, si le cas s'en presentoit, avant que cette recapitulation y soit couchée, ne repondant au surplus, ni oui, ni non,
à une question faite mal à propos & mal entendue, parce qu'il croit
lui suffire, que S. E. le Grand Maître est bien persuadé, que l'on n'a
pas tiré ce compte en longueur tout à dessein, comme on a osé l'a-
vancer, puisqu'on a eu l'honneur de le lui remettre dès le mois d'Août
dernier avec celui des six mois suivants.

ARTICLE XIII.

A demander ensuite, s'il persiste encore à vouloir rendre ledit
compte generale contre la teneur du 7. article de sa soumission &
9. de sa commission; veu qu'il ne doit avoir aucun maniment des
deniers, que partant il ne peut pas être comptable sauf des 120. mille florins par six mois, à quoi est borné ce qu'il peut emploïer
pour fraix de regie, compris ce qui lui revient.

REPONSE.

Le Directeur dit, que tout autre chose est d'avoir le maniment
des deniers, & d'avoir le droit de faire rendre compte.

Que par sa soumission & commission il est privé du maniment des
deniers : mais qu'il n'est dit en aucun endroit, qu'il ne pourra pas se
faire rendre compte des Officiers, qui sont sous sa direction, que
c'est même un attribut de son emplois, puisque sa Patente lui permet de se servir de toutes les conditions de la regie de l'an 1732. pendant laquelle les Officiers principaux n'ont été comptables qu'à l'Admodiateur. C'est aussi pour cette raison, qu'il a crû devoir en user
de la même maniere, d'autant que c'est l'avantage du service du
Souverain, que l'on ne rende qu'un seul compte au lieu de vingt
un, selon l'axiome.

*Fruſtra fit per plura, quod poteſt æquè commodè fieri per pau-
ciora.*

ARTICLE XIV.

On lui fera observer, que par les 7. & 11. articles de sa soumission,

nission, sous l'apui de laquelle il a obtenu cette direction, il demande de pouvoir mettre en execution le contenu des cinq memoires
qu'il a proposé pour faire augmenter les droits de plus de 300.
mille florins, en y ajoutant, qu'afin que sa direction quant à ses
apointemens, ne soit pas à charge à Sa Majesté, il produiroit entre plusieurs autres un sixiéme moïen, auquel on n'a pas songé;
qui seul donneroit chaque année cent mille florins de revenu.

ARTICLE XV.

On lui demandera, s'il a donné ce sixiéme memoire, & ce qu'il
contient.

REPONSE à ces deux Articles.

Le Directeur General sçait, que par sa soumission qu'il a produite à Vienne, il a demandé de pouvoir mettre en execution cinq
memoires, & qu'il en a promis un sixiéme.

S. A. S. lui a donné ensuite la faculté de les mettre en execution, & il ajoute que ceux de ces memoires, qu'il a pû executer, ont deja produit des avantages considerables, & qu'ils en pro-
duiront chaque jour davantage sans faire le moindre tort aux Manufactures, ni au Commerce de ces Provinces; ensorte que les
affaires étant mises en regle, & le Conseil des Finances prenant plus
d'égard à ses representations, il ne desespere pas que l'avantage qui
en resultera; n'excede même les trois cents mille florins en peu
d'années, car l'on suppose que le Conseil n'entend pas d'exiger que
cela suive dès la premiere année d'une regie que l'on a trouvé dans le
plus grand desordre.

Il dit encore que le sixiéme memoire, qu'il à promis à été produit à Vienne dans le mois de Decembre 1734. où il a été una-
nimement gouté; qu'ensuite il l'a produit au Conseil en Juin 1736.
& qu'il n'a pas cru le devoir exiber plûtôt, afin de ne pas charger le Conseil qui n'avoit encore pris aucune resolution ni écouté le
Directeur sur plus de soixante representations toutes essentielles, qu'on
lui avoit faites, & il ajoute que jusqu'à present personne n'a songé à cet expedient, qu'il est même hors de propos de dire, que
ce seroit une nouvelle charge & imposition sur le public, puisqu'on le païe actuellement sans être dû : & que quand bien même
se feroit une nouvelle charge, il est toujours veritable qu'elle seroit moins onereuse au peuple, que des nouveaux subsides, des
impots sur le Thé & le Caffé; que l'on a tiré hors des Placarts
d'Hollande (soit dit sous correction & sans critique) parceque l'E-
tranger païeroit celle-ci pour la plus grosse partie.

F

ARTICLE XVI.

On lui demandera aussi si on ne lui a pas permis l'execution de ce cinq memoires, & s'il ont produit l'effet qu'il a promis au Gouvernement.

REPONSE.

Le Directeur dit que S. A. S. a bien permis l'execution des cinq memoires, mais que les effets n'en ont pû suivre à plusieurs, puis que la Guerre aiant occasionné la deffence de la sortie du grai hors du Royaume de France, duquel le transit à produit ci-devan par ces Provinces jusqu'à cent & quarante mille florins par an, l memoire qui concerne cette denrée n'a pû avoir aucune suite, qu l'on a été troublé dans l'execution de celui du Lins par une O donnance que le Conseil des Finances a suggeré au Gouvernemen & qui a traversé ce moïen, que l'on avoit proposé; & que ce lui des Sucres & des transit vers Liege vont leur grand train, en sorte que l'on peut dire, que les effets suivent de près les idées que l'on s'en étoit formées.

ARTICLE XVII.

On lui demandera si le transit du Sel, des Eaux de vie, du Vin & d'autres pareilles marchandises chargées de gros droits pour Sa Majesté, ou pour les Villes & Provinces, accordé à un droit modique n'est pas prejudiciable par raport aux fraudes & versemens qui peuvent s'en faire, & quelles sont les precautions, qu'il a prises pour les prevenir.

REPONSE.

Le Directeur dit, que quelque transit, que ce soit, il ne fai aucun tort aux revenus internes de Sa Majesté, lorsque l'on prend les precautions requises pour la sortie effective : & que le Sel, l'Eau de vie, le Vin & autres denrées, qui sont chargées de droits consi derables tant de la part de Sa Majesté que de ces Provinces & Villes sont dans le même cas. Surquoi il est à remarquer, que si l'on devoit empecher tout transit, par raport à cette terreur panique, un habitant de Brabant ne pourroit faire venir dans la Province (comme il arrive cependant chaque jour) ni Sel, ni Vin, ni Eau de vie, sans craindre du versement soit dans la Flandres, soit dans une autre Province, par laquelle ces denrées doivent passer, c'est pourquoi les Officiers des Droits prennent les égards convenables & ceux des Droits d'entrée principalement selon les instructions, qu'on leurs a delivrées, specialement à la sortie des Terres de la domination de Sa Majesté, ou ils pesent les sacs de Sel, percent les tonneaux de Vin & d'Eau de vie & executent toutes les precautions, qui sont prescrites par les Edits & Ordonnances & notamment comme elles sont reprises dans l'Ordonnance du transit general emanée en l'an 1700.

ARTICLE XVIII.

S'il n'a pas permis ou tolleré contre la teneur de son memoire, que ces marchandises de transit fussent en-magasinées sans que les Contrôleurs du Roy aient eû des clefs de ces magazins.

REPONSE.

Le Directeur declare, d'avoir accordé les transits qui lui étoient permis sous les clauses & conditions les mieux circonstantiées, toujours relatives aux regles qui sont prescrites dans l'Ordonnance du transit general de l'an 1700. sans avoir permis, ni tolleré que l'on y ait contrevenu de sa connoissance, ni empesché que les Contrôleurs de Sa Majesté s'aquitassent des obligations de leur emploi n'étant obligé à rien de plus.

ARTICLE XIX.

A demander encore pourquoi ensuite de la faculté lui accordée par S. A. S. de mettre ses cinq memoires en execution, il n'a pas fait publier ce transit, afin que tout le monde en eût connoissance & en pû jouir, s'il n'a rien profité de ceux auxquels il a accordé les transits par des permissions particulieres.

REPONSE.

Le Directeur general dit, que ç'a eté par les ordres exprès du Gouvernement, qu'il a gardé tout le secret qu'il a eté possible sur le fait des cinq memoires, qu'il avoit presenté, que c'est pour certe même raison, & afin que l'on pû conserver plus facilement ce secret, que S. A. S. trouvât à propos de ne pas inserer ces memoires dans sa Patente, & ordonna que l'on en fit un acte particulier, afin d'eviter autant qu'il seroit possible, que les voisins en conçûssent de la jalousie. Qu'au surplus il n'a rien profité d'aucun permission qu'il a accordée, & qu'il est connu trop integre & assez rigide sur cet article, pourque personne osât lui en faire la proposition.

ARTICLE XX.

On demande s'il n'a pas reçu par lettres du Conseil des Finances du 12. Avril de cette année 1736. la Requette de ceux du Magistrat d'Ipres, afin d'obtenir le transit de certaines marchandises par le Port de Nieuport sur Lille, & si aulieu de servir de l'avis lui demandé par lesdites lettres du Conseil, lui ou son frere ne se sont pas emancipé à accorder ledit transit de propre autorité, parmi obligation donnée d'en payer les droits, qui seroient reglez ci après pour lesdits transits.

REPONSE.

Le Directeur repond, qu'après avoir fait la recherche des lettres miſſives , que le Conſeil lui a fait paſſer , il ne trouve lettre , qui concerne ni le tranſit d'Ipres , ni le Magiſtrat de cette Ville , qui ſoit de la date du 12. Avril : quoi qu'il en ait deux de cette date , ſçavoir une touchant les informations qu'il y avoit à donner pour les precautions à prendre pour dreſſer un nouveau Tarif. Et la ſeconde touchant les comptes à rendre : que cependant lui Directeur ſe ſouvient fort bien ; mais ſans en pouvoir preciſer la date , que le Magiſtrat d'Ipres aiant preſenté Requête au Gouvernement , ſur laquelle lui Directeur a reſervi de ſon avis , il eſt arrivé , que le Batelier nommé de Langre étant arrivé d'Angleterre à Nieuport , pour paſſer directement à Ipres ſous l'eſperance que ceux du Magiſtrat d'Ipres lui avoit donné d'un tranſit moderé , & ſur le refus que lui en ont fait les Officiers de Nieuport , il menaça ceux ci de retourner en mer , ce qui lui étoit permis , & ſur quoi les mêmes Officiers écrivirent au Directeur pour ſçavoir ſes ſentimens ſur cette matiere.

Surquoi le Directeur a fait reponſe aux Officiers de Nieuport, que ſe flattant que d'un jour à l'autre le Gouvernement prendroit une reſolution favorable ſur la Requête qui étoit preſentée de la part du Magiſtrat d'Ipres , il ne voioit aucune difficulté pour cette ſeule & unique fois , qu'on laiſſat paſſer ce Batelier par acquit à caution ſur la Ville d'Ipres , pour y être repondu des Droits en la maniere que Gouvernement l'ordonneroit, en quoi il ne voit pas même que la lettre du 12. Avril 1736. reclamée puiſſe être d'uſage ; puiſque cette permiſſion limitée , & que l'on ne pouvoit refuſer , doit avoir été delivrée avant le Novembre 1735. & que c'eſt le ſeul cas, qui y ſoit arrivé.

A R T I C L E X X I.

S'il n'a pas pareillement donné au commencement de cette année 1736. certaine permiſſion de tranſiter des Eaux de vie & Tabac par le Bureau de Menin à un certain Delcour, ſous ſemblable obligation de païer les Droits de tranſit ſur le pied qu'ils ſeroient reglez, & cela ſous pretexte que ledit Delcour attendoit inceſſament les depeches de ſa permiſſion , quoi qu'il n'ait fait aucune demarche pour cela vers le Gouvernement.

A R T I C L E X X I I.

S'il n'a pas reçu la lettre que le Conſeil lui a écrite au ſujet de ce tranſit le 7. Juin de cette année, pourquoi il n'y a pas repondu, en vertu dequoi nonobſtant leſdittes lettres il a continué à permettre ce tranſit , & ſi ce tranſit ne fait pas de tort aux Droits de S. M. audit Bureau de Menin.

REPONSE

REPONSE à ces deux Articles.

Le Directeur General dit, que le transit provisionel, que l'on a
cordé au Roulier Delcour, lors de son sejour à Vienne, n'étant
pas de sa connoissance, par raport aux circonstances d'icelui, il a
dû prendre langüe tant du Receveur de Menin, que de l'un de ses Officiers le Sr. Dupaix. C'est pourquoi il rejoint à cette reponse, tant les
actes qu'on lui a fourni de Menin, que l'information, que lui en
donne ledit Dupaix, par lesquelles Pieces il conste, que le Conseil
des Finances en l'an 1734. a accordé une permission plus ample: & que
a été par prudence, que l'on a remis la chose, à ce qui en seroit resolu par le Gouvernement: en quoi l'on n'a usé d'aucune precipitation,
puisque l'on a eu la precaution d'en informer S. E. le Grand Maître a-
vant de rien conclure, & que cette permission est encore plus avanta-
geuse au service, que celle que le Conseil a accordé pour l'an 1734.
Au surplus on ne trouve aucune lettre adressée au Directeur de la date
du 7. Juin 1736.

On a rejoint à cette reponse la lettre de Dupaix du 29. Novembre 1736.

Et copie des lettres de Menin du 17. Janvier & 8. Fevrier 1736

ARTICLE XXIII.

A demander encore, si l'on n'a pas depesché au Bureau de Menin
pour ledit Delcour, des acquits de transit pour faire passer de France
en Allemagne une quantité de milliers de livres de Tabac pressé en ca-
rottes, comme aussi pour de l'Eau de vie, sans en païer aucun Droit,
avec cette clause, *à charge de s'adresser à la direction generale*
à Bruxelles pour en être ordonné. Et en vertu dequoi il s'arroge la faculté d'ordonner & de disposer à sa fantaisie des Droits de Sa Majesté.

REPONSE.

Le Directeur dit, que les Pieces qu'il a fourni dans sa reponse sur
l'article vingt-uniéme, font voir en quoi a consisté le transit, duquel
jouit le Roulier Delcour, comme les raisons pour lesquelles, on le
lui a accordé provisionelement. Qu'au surplus la clause, de laquelle il
est specialement parlé dans cet article, est provenue de la prudence des
Officiers de Courtray, sans que par la, ni iceux, ni le Directeur même aient voulu disposer à leur fantaisie des Droits de Sa Majesté, comme il semble que l'on a l'envie de l'insinuer, puisque ces Droits sont
encore à percevoir, & que la même chose arrive tous les jours d'un
Bureau à l'autre par les acquits à caution.

ARTICLE XXIV.

Si l'on n'a pas eu la precaution de faire faire fond de magazin aux respectifs Marchands, à qui il a donné permission de faire transiter cer-

taines denrées & marchandifes , qu'il ont mifes journellement en magazin , où font lefdits fonds de magazin, & pourquoi s'il y en a, il ne
les a pas fait remettre au Contrôleur de Sa Majefté à Malines.

ARTICLE XXV.

S'il ne permet pas que l'on conduife par la même Voiture des marchandifes pour tranfiter & d'autres pour refter dans le Pays.

ARTICLE XXVI.

Si dernierement un Marchand de Malines n'a pas fait entre
deux parties de Sel dans le même Vaiffeau, l'une de Sel blanc pour
ce Pays & une autre d'un Sel moins blanc pour tranfiter vers Liege , & fi ce même Marchand n'a pas contre fa propre declaration
fait fortir par tranfit le Sel blanc , & retenu le Sel moins blanc
à quoi fes Employez ont donné les mains, & en vertu dequoi il
s'arroge la faculté de permettre de tranfiter des marchandifes, don't
le Droit d'entrée étoit deja dû à Sa Majefté.

REPONSE.

Quoique ces articles foient fi mal dirigés que l'on ne conçoit
pas ce que l'on veut y dire , puifque le Sel blanc , gris ou noir
s'il en eft, ne paie que le même Droit, le Directeur dit que n'aiant
donné aucun ordre , que conforme aux Tarifs & Ordonnances
il ne peut repondre par lui même à ces articles, lefquels font du
fait des Officiers de Malines & fpecialement du Contrôleur de
Majefté. C'eft pourquoi afin d'y fatisfaire de reponfe, autant qu'il
peut dependre de lui , il a ecrit à Malines la lettre dont il rejoint
copie le 25. Novembre 1736. & il a reçut reponfe le 27. dito
pareillement jointe avec declaration & certificat fur la matiere fignée du
Receveur Pirotton ; des Contrôleurs Rayer, & Defchamps, & des
Gardes Debauffe , Artois , Sckaken & Clinquaert.

ARTICLE XXVII.

A demander auffi s'il fe croit autorifé pour rompre les plombs
& d'ouvrir les Caiffes & Balots des marchandifes declarées par tranfit & de permettre , qu'elles demeurent dans le Pays , & fans en
exiger d'autres Droits que ceux de tranfit à l'entrée par deffus le
Droit de Tonlieu.

ARTICLE XXVIII.

Et fi ce cas n'eft pas arrivé par raport à un paquet d'etoffe
d'or & de foye declaré de tranfit pour l'Allemagne par Mons à l'adref-
fe du Banquier Decleves.

REPONSE à ces deux Articles.

Le Directeur General dit , que conformement à l'Ordonnance de
l'an 1700. lorfqu'il y a du foupfçon de fraude, il a le droit de la con-

noissance du proprietaire & en présence du Juge du departement de faire
lever les plombs, en faire l'ouverture des Ballots declarez pour transit. Qu'ensuite & en vertu de l'Ordonnance du 4. Fevrier 1726. il
peut permettre qu'une marchandise declarée pour transit, reste dans
le Pays, selon le contenu de la même Ordonnance.

Et que c'est ce qui est arrivé à l'égard du petit paquet d'e-
toffe sous l'adresse à Decleves, pour lequel on a pris toutes les precautions en specifiant par le Directeur même sur l'acquit de transit, que
cela s'étoit fait par ses ordres, & que les Droits d'augmentation
differans avoient été renseignés à Bruxelles tel jour & sous tel nu-
mero, sans que l'ignorant Contrôleur Martinetti à Mons, y ait
voulu deferer, à pretexte qu'en aiant informé le Conseil, il en
devoit avoir reçu des ordres contraires, & surquoi le Directeur demande justice au Conseil sur les discours impertinens qu'il a tenu
à ce sujet, disant qu'il se soucioit, en termes plus cavaliers, du Directeur, & qu'il n'avoit à obeir à aucun de ses ordres, aiant même
soufflé son impertinence jusqu'au point que de faire citer pardevant le
Juge delegué celui qui étoit caution de cet acquit de transit. En
quoi le Directeur a d'autant plus de sujet de se plaindre que de
toute maniere & sur tout étant Membre de ce Conseil, il ne doit
pas être permis qu'on le laisse vilipender d'un homme de cet espece, lequel, s'il croioit de devoir critiquer la conduite du Directeur devoit se borner selon sa commission & ses instructions à
informer le Conseil & en attendre ses ordres, le Conseil au surplus n'aiant pas dû ignorer ces ordonnances, auroit pû, ce semble, se dispenser d'ecrire comme il l'a fait à ce Contrôleur.

ARTICLE XXIX.

A demander s'il ne s'aperçoit pas, que le commerce & les manufactures du Pays deperissent sous sa direction.

REPONSE.

Le Directeur dit, que loin de s'apercevoir que le commerce &
les manufactures deperissent sous sa direction, il voit precisément
le contraire, puisqu'il est notoire que la fabrique des Draps du
Pays de Limbourg augmente considerablement, & que depuis que les
François ont anneanti les Droits d'augmentation, qu'ils avoient imposé en l'an 1721. sur les Toiles & Linges de table par represaille de
ce que l'on avoit imposé 10. pour cent sur leur manufactures de Laines; diminution qu'ils ont faite, en consideration de ce que l'on a remis ici les Droits sur l'ancien pied à 5. pour cent, il s'en tire beaucoup
d'avantage qu'autrefois: & on peut fixer toutes les manufactures de ces
Provinces après les Dentelles & Tapisseries, qui sont libres à ces feu-

les efpeces , parce que toutes les autres n'en ont plus que le nom &
point du tout les effets proportionez : les fabriques des Sayes de Bru
ges , des Draps de Bruxelles, des Soieries d'Anvers, & de la Clou
terie de Charleroy reftantes fi peu en vigeur, que l'on ne peut le
qualifier de manufactures.

A R T I C L E   X X X.

S'il n'a pas vû par un aperçu qu'il a fait , que les Droits nonobf
tant toutes les aifances qu'il a eu de les faire augmenter, font confide
rablement diminuez pendant fa direction , & par conféquent que le
avantages qu'il a fait efperer par fa foumiffion, font dementies par l'e
venement.

R E P O N S E.

Le Directeur dit , que loin de s'être aperçû , que les Droits fe
roient diminués pendant fa direction par les moïens qu'il avoit propo
fé , qu'il en a la preuve du contraire. Et ce qu'il verifie par les Bu
reaux ou ces moïens ont pû être mis en execution. Comme le pa
ralelle qu'il va faire fuivre de la Direction du Confeil avec la fien
ne des deux années qui fe font immediatement fuivies, le demon
tre.

		1734. à 1735.	1735. à 1736.
Bruxelles	-	f 88786	f 97859
Anvers	-	f 82341	f 88343
Turnhout	-	f 34592	f 39877
Tirlemont	-	f 43351	f 50685
Navagne	-	f 40869	f 95481
Ipres	-	f 63573	f 67591
Nieuport	-	f 17420	f 19584
Gand	-	f 117021	f 139544
Luxembourg	-	f 195996	f 204148
		f 733949	f 803112
			f 733949

L'année du Directeur porte un excedent de - f 69163

Et le Directeur ajoute que cette augmentation auroit été enco
re beaucoup plus confiderable tant dans ces mêmes Bureaux que
dans tous les autres , fi le Vin n'étoit venu à manquer en
France , ce qui feul a donné une diminution de 200. mille flo
rins par an , & fi le Confeil avoit donné execution à tant de re
prefentations qu'on lui a faites pour l'avantage du fervice.

A R T I C L E   X X X I.

On demandera pareillement , s'il ne croit pas , que l'entrée à
moindre

moindre Droit d'une denrée, dont nous avons des manufactures dans le Pays ne doit pas préjudicier aux dittes manufactures & les faire dechoir.

ARTICLE XXXII.

Si par consequent l'entrée qu'il a suggeré de permettre, des Sucres candis, manufactures de laines, & autres à un Droit moderé ne doit pas avoir produit un mauvais effet.

REPONSE à ces deux Articles.

Le Directeur des Droits est de sentiment, que si les manufactures du Pays étoient suffisantes à pouvoir fournir à tout ce dont les Inhabitans auroient besoin, que ce seroit effectivement leur faire tort, que de diminuer les Droits d'entrée sur les denrées, qui doivent venir de l'Etranger; & que nous pourions avoir plus facilement chez nos Manufacturiers. Mais que cet effet n'a pas sortir à l'égard du Sucre, ni des Etoffes de laines venant de France, parceque les Rafineries du Sucre, que l'on a à Anvers ne sont pas en état de fournir la trentiéme partie du Sucre qui est necessaire pour la consommation des habitans de ces Provinces: Que cependant ce Sucre qui nous venoit de l'Etranger, étoit fraudé impunement à cause du trop haut Droit, & que l'on y a remedié en partie par la diminution que l'on y a aportée: Que quant aux Draperies que l'on a remises de dix à cinq pour cent, l'on n'a rien fait d'autre que de se conformer à un usage constamment suivi pendant plus de trente ans consecutifs avant l'an 1721. terme auquel il y avoit plus de cours à nos manufactures qu'il n'y en a au present, & pendant lequel tems personne n'a porté la moindre plainte, puisqu'il n'est pas abusif de croire que le transit puisse nuire en aucune maniere aux manufactures de ces Provinces.

ARTICLE XXXIII.

A demander s'il n'a pas fait, ou s'il n'a pas fait faire par ses Officiers des acords pour fraude & contraventions à l'insçu & sans la participation des Juges & des Contrôleurs de Sa Majesté & sans les faire agréer du Juge ni du Conseil des Finances, où la somme exedoit les fl. 300.

REPONSE.

Le Directeur n'a jamais fait aucun acord par lui même, il a laissé cette disposition en entier aux Receveurs principaux auxquels il n'a donné aucun ordre qui soit contraire aux Ordonnances.

ARTICLE XXXIV.

A demander s'il n'a pas fait des dispositions, ni donné des ordres à ses Employez pour la recette & direction des Droits con-

traires aux Tarif & Ordonnances sans en donner ou faire donner part
aux Juges & Contrôleurs de Sa Majesté, & comment il pense que ces
Juges & Contrôleurs puissent faire leur devoir, lorsqu'il ne leur ma-
nifeste pas les dispositions.

REPONSE.

Que le Directeur n'a fait aucune disposition, ni donné aucun ordre aux Employez, qui ne soient conformes aux Tarifs & Ordonnances : Et que si en matiere des transits qu'on lui a permis, il n'en à pas
fait part ni aux Juges, ni aux Contrôleurs, ça été pour raison de con-
venance & d'état, & de la même maniere que le Gouvernement avoit
trouvé à propos de lui en faire expedier un Acte separement de sa commission. Qu'aureste ce secret ne pouvoit aporter aucun prejudice au service,
puisqu'il n'a jamais defendu de montrer aux Contrôleurs, tout ce
qu'il a fait passer aux Bureaux principaux : qu'ils ont eu connoissance
de ces transits dès le premier moment, puisqu'ils en ont dû signer
toutes les expeditions, & qu'il n'étoit pas necessaire que les Juges en
seroient informés, parce qu'ils n'ont droit que de connoître des con-
testations qui surviennent en matiere des Droits, & que si le cas eut
arrivé, les Officiers principaux étoient pour lors en état de les instrui-
re de ces dispositions.

ARTICLE XXXV.

S'il n'a pas donné ou permis à ses Employez de prendre de l'argent
pour la depesche des Passavans, Acquis à caution & autres expeditions
du Bureau contre la defence du Gouvernement.

REPONSE.

Le Directeur n'a jamais permit à aucun Employez de prendre aucun
argent pour depesche, &c. Surquoi son Reglement s'explique assez
clairement, & lorsqu'il est survenu des differends entre les Employez
à pretexte du partage de ces pretendus emolumens, il leur a toujours
declaré, qu'il tenoit ces pretendus emolumens pour indûs & levez contre le dispositif des Ordonnances.

ARTICLE XXXVI.

Si à l'egard de la saisie de l'argent faite sur le nommé Bernard à
Oostdunkerck, Chatelenie de Furne montante à une somme de quatorze cents florins, il n'a pas rendu de sa propre autorité, quatre à
cinq cens florins au dit Bernard ou à sa Femme pendant que la Cause
étoit pendante & indecise devant le Juge de Furne & que Partie avoit
pris son recours vers S. A. S., & si pendant que l'affaire étoit à la consulte du Conseil des Finances il n'a pas fait aussi le partage de la somme saisie, en s'apropriant f. 350. donnant à Sa Majesté f. 300. & au
Receveur d'Ipres f. 50. & f. 200. aux Officiers-exploiteurs, & de-

uelle autorité il a fait cela sans connoissance & agréation requise, nonobstant que le Conseil avoit demandé & qu'il avoit reservi de son vis sur la matiere.

R E P O N S E.

L'acord dont il est question au present article aiant été fait lors de absence du Directeur, il en a demandé raison à son Frere qu'il avoit chargé du soin de ses affaires en son absence, il lui marque de Liege u 27. Novembre 1736.

Que le nommé Bernard, auquel on avoit saisi les especes dont ques- ion, aiant été cité par devant le Juge delegué à Furne, & sentant sa ause mauvaise, se seroit adresse à Mr. Chaillot de Joinville, Minis- e de France en cette Cour de Bruxelles, lequel en avoit parlé à S. . le Grand Maître demandant qu'on lui feroit grace. Que S. E. le rand Maître lui avoit temoigné, que cela lui seroit agréable, si l'on ouvoit accommoder cette affaire en considération de Mr. de Joinville, u'après plusieurs pourparlers sur la matiere, la chose en étoit venue à duire le Proprietaire à lacher neuf cents florins hors la somme qui é- oit saisie. Que l'on en avoit fait le raport à S. E. lequel l'avoit agrée, dit que l'on pouvoit ainsi l'arreter, comme on le fit en donnant les rdres conformes au Receveur principal d'Ipres.

Qu'il étoit encore arrivé ensuite, que le même Proprietaire avoit resenté requette à S. A. S. pout avoir la moderation du tiers aparte- ant à Sa Majesté, surquoi on lui avoit demandé son avis qu'il avoit servis. Et que dans l'interval, & parce que cela trainoit trop à la ongue, il avoit crû de bien faire d'en ordonner le renseignement.

A quoi le Directeur ajoute, qu'aiant fait renseigner le tiers au pro- e de Sa Majesté selon les Ordonnances il étoit le maître de disposer de a somme restante.

A R T I C L E   X X X V I I.

Si après que le Juge Martin à Beaumont avoit porté sentence de onfiscation d'un cheval avec une amende de cent florins contre le nom- né Giloteau, & que celui ci en avoit apellé à la Chambre suprême, n'a pas desisté d'icelle sentence & consenti qu'elle fut annulée, de- uelle autorité il a fait cela & s'il n'a rien profité pour le faire.

R E P O N S E.

Le Directeur dit, que le nommé Giloteau aiant eu sentence à a charge par le Juge de Beaumont pour un cheval, que les Offi- iers soutenoient, qu'il avoit vendu en France contre le dispositif des Ordonnances, & sur tout pendant la Guerre, & celui ci aiant outenu de l'avoir seulement prêté à un sien ami, qui devoit le ui reproduire, en avoit apellé à la Chambre supréme, où avant

d'aller plaider il étoit venu chez lui le faire l'arbitre de sa propre Cause en présence de son Avocat : Que le Directeur aiant examiné toutes
les Pieces, & veu sur tout que dans l'interval ledit Giloteau avoit reproduit le cheval de question, il avoit trouvé bon en faveur de Justice de laisser cette procedure comme non avenuë & d'engager ledit Giloteau à païer les fraix qu'il avoit occasioné. Ce que le Directeur a
fait de son chef en vertu de sa Commission & des articles de la Patente de regie de l'an 1732. qui l'autorisent à ce faire, & sans qu'il
soit question d'avoir rien reçu pour faire cet Acte de Justice, comme il l'affirme de ne l'avoir fait & étant en outre scandalisé
de cette demande, parce qu'il defie qui que ce soit de produire
la centiéme partie d'une preuve sur un pareil sujet.

*On employa tout le tems de cette premiere jointe à la lecture
des Points ci-dessus. Le Directeur y repondit verbalement : &
il demanda d'avoir copie de ces articles.*

Et on les lui a fourni tels, qu'ils sont ici reproduits.

Recapitulation des Points qui ont été proposés par ceux des Finances le 24. Novembre 1736.

1. **R**Emboursement des avances aux Officiers.
2. Maniment des deniers.
3. Interêt des avances & fraix extraordinaires.
4. Sçavoir l'aplicat des fraix ordinaires.
5. Surveillance sur le soixantiéme.
6. Fraix d'avis, &c.
7. Profit sur les quarrages & tiers des confiscations.
8. Quarrage de Cotton à Anvers.
9. Rentrée des deniers en Caisse.
10. Opposition à la reddition des Comptes à la Chambre.
11. }
12. } Idem.
13. }
14. Cinq Memoires, & le sixiéme.
15. Touchant le sixiéme Memoire.
16. Effet des cinq Memoires.
17. Sçavoir si le transit n'est pas prejudiciable.
18. Touchant le transit, &c.
19. Idem.
20. Touchant le transit pretendu par Ipres.
21. }
22. } Transit de Menin.
23. Idem.
24. Transit de Malines. Magazins, &c.
25. Idem.
26. Rupture de Plomb.
27. Transit à Decleves resté au Pays.
28. Idem.
29. Diminution pretenduë du commerce & manufacture.
30. Diminution pretenduë des Droits.
31. }
32. } Si les transits ne sont pas prejudiciables.
33. Acords des Confiscations, &c.
34. Dispositions contraires aux Ordonnances.
35. Depesches des Passavants, &c.
36. Saisie d'argent à Oostdunkerck.
37. Saisie' d'un cheval à Beaumont.

[illegible]
[illegible]

[illegible]

[illegible]

[illegible]

[illegible]
[illegible]

[illegible]

[illegible]

[illegible]

[illegible]
[illegible]
[illegible]
[illegible]
[illegible]

RECUEIL DES NOUVEAUX POINTS

Produits par ceux des Finances en Janvier 1737. remis au Directeur des Droits par Mr. Crumpipen, Secretaire d'Etat, avec les Reponses du Directeur fournies le 15. Fevrier 1737

SUITE DE LA CONTESTATION PRECEDENTE

APrès que le Directeur General avoit repondu aussi ponctuellement & categoriquement qu'on vient de le voir dans les Pieces precedentes, on dévoit s'attendre à voir tomber la présente contestation, à la confusion de ses Auteurs, ou à voir prouver le contraire des reponses que le Directeur avoit données; l'on étoit d'autant plus fondé dans cette attente toute naturelle, qu'il paroissoit que S. A. S. n'avoit indiqué les jointes, que l'on tenoit sur cette matiere, qu'afin de pouvoir y découvrir la verité des faits que l'on avoit avancé dans les trente sept points preposez contre la conduite du Directeur.

Quelques jours après que le Directeur eut produit ses reponses, S. indiqua une seconde jointe à son Hôtel; on n'y fit que rebatre les mêmes difficultez: on lu ses reponses, le Conseiller de Witt avança qu'il étoit nanti des preuves suffisantes pour demontrer le contraire des reponses du Directeur, on l'interpella à les produire, & on eut la satisfaction de faire voir la fausseté de ses supositions & l'impertinence outrée de ses calculs; ce qui anima beaucoup cette Conference, dans laquelle le Conseiller Bervoet brilla plus que tous les autres, par les ridicules sophismes, qu'il avançoit, & qui n'alloient à rien moins, que de conclure, qu'un homme ne seroit pas dans sa maison, parce qu'on ne le trouvoit pas dans le vestibule d'icelle; enforte que l'on termina cette jointe sans y avoir aquit plus d'éclaircissement que dans la precedente.

Enfin Son Excellence fit indiquer une troisiéme jointe, à laquelle le

Directeur fut interpellé d'affifter ; car il s'en eft tenu plufieurs autres auxquelles il n'a pas été mandé ; & l'on y reconnut dez les premiers momens de la difpute, que le Confeiller de Witt avoit pris à tache de prouver que le Directeur avoit difpofé à fon profit d'un fomme de 63 mille florins ; ce qui étoit revenir à la vielle queftion du faux decompte, qu'ils avoient produit en Juillet 1736. & auquel le Directeur avoit repondu fuffifament en Août fuivant, fans que jufqu'alors on lui en eut plus parlé.

Comme le Directeur des Droits ne pouvoit plus douter que le Confeil des Finances n'avoit eu la communication convenable du Befogné qu'il avoit fourni à S. E. fur la matiere le 20. Août precedent ; le Directeur demontra brievement differentes erreurs groffieres, qui étoien gliffées dans leur calcul, & les renvoia à la preuve qu'il en avoit fourni dez le mois d'Août ; ceux du Confeil des Finances firent l'étonné & dirent n'avoir pas vû cette replique, S. E. fe contenta d'ajoute qu'il l'avoit dans fon Cabinet, fut la chercher fur le champ & la leu delivra.

Ceux des Finances dirent que l'on ne pouvoit examiner ces Ecritu dans une jointe, & il fut ordonné qu'ils l'examineroient à loifir pour e faire leur raport à la fuite, & cette jointe auroit-dû en refter là, lorf que le Confeiller de Witt avança qu'abftractivement de toutes ces E critures, il avoit des preuves par lefquelles il pouvoit demontrer dan le moment que le Directeur avoit difpofé des deniers de S. M. par lui même, & au delà de ce qui lui competoit pour fes apointemens : L Directeur fuplia S. E. d'ordonner que l'on fit la production de ce pretendues preuves, & le Confeiller de Witt commença la lecture d'un compte fabriqué à deffein, tant de ce qui pouvoit venir au Directeur que de ce qu'il devoit avoir touché du Receveur de Bruxelles : O paffa d'un article à l'autre, le Directeur en prouva le faux & le ridicu le, & ce fut pour lors que le Sieur de Witt cherchant une pretendu preuve dans fes papiers commença fans y faire attention la lecture d'u ne Requette que le Receveur de Bruxelles Rocquigni avoit prefent au Confeil, & de laquelle le Directeur avoit entendu parler depuis peu de jours ; comme on auroit voulu cacher cette Requette, qui effec tivement manifeftoit la turpitude de toute l'intrigue, le Confeiller d Witt ceffa promptement de lire, en feignant que ce n'étoit pas Piece qu'il cherchoit ; mais le Directeur qui s'apperçut de la furprife pria S. E. d'en ordonner la continuation, ce qui fut executé. Et c'ef de ce pretendu incident que ceux des Finances ont parlé enfuite à leu mode & felon leur deffein dans la Confulte qui a fuivi. Le Directeu demontra le faux de cette Requette, l'irregularité de la conduite de

ce

e Receveur, les raisons qu'il y avoit pour croire qu'il n'avoit pas
it cette demarche sans y être incité, & que cette affectation de
acher cette Requette, en étoit deja une demi preuve.   On s'e-
hauffa beaucoup sur la matiere, & le Conseiller de Witt s'étant
xpliqué en des termes qui ne se soufrent guere entre honnêtes
iens, on fut obligé de le prier de mesurer ses expressions, sans
uoi on seroit contraint de lui risposter : ainsi finit cette Sçeance.
e Directeur suplia S. E. de ne pas permettre qu'on le maltraitât
e parolles, ce Ministre lui dit qu'il voioit bien qu'on étoit trop
iimé de part & d'autre, & que ces jointes n'aboutiroient à rien,
: depuis lors le Directeur n'y a plus été mandé, mais on ne laif-
pas d'en indiquer plusieurs autres auxquelles le Directeur des
>roits n'a pas intervenu, ni pû sçavoir ce qui s'y étoit traité,
restoit fort tranquile la dessus, se flattant qu'on lui communi-
ueroit au moins ce qui seroit avancé à sa charge, afin que se-
on l'ordre de la Justice on ne le condamnât pas sans l'entendre.
Lorsque vers la mi Janvier 1737. il fut informé que ceux des
inances avoient dressé une Consulte consistante en 56. arti-
les, par laquelle ils concluoient à faire aneantir la Direction des
>roits & se saisir de la personne du Directeur.
Dez ce même moment jour de Dimanche le Directeur se trans-
ortâ chez S. E. le Grand Maître pour lui demander, où ce Mi-
istre souhaitoit qu'il se constituât Prisonnier.
S. E. feignit d'être surprise de cette proposition & lui en de-
anda le sujet, le Directeur repondit que S. E. devoit en être
ieux informée que lui, & continuant de temoigner que non, on
epliqua que c'étoit pour prevenir la Consulte que ceux des Fiances lui avoient presentée ; après plusieurs discours par lesquels
e Ministre se deffendoit sur l'existence de cette Consulte, on lui
n donna de telles marques, qu'il se retranchât à dire que, puis-
u'elle étoit parvenuë à la connoissance du Directeur, il n'étoit
lus question de faire le fin avec lui : mais qu'il n'ignoroit pas
ussi, que de vingt Consultes, que les Conseils presentent, on
'en execute pas une, & que le Directeur pouvoit conter que la
resente ne seroit pas executée. Ce fut sur cela que l'on sorti de
hez S. E.
Pendant le mois de Janvier 1737. le Directeur n'aiant pû sortir
le sa Chambre à cause d'un Rumatisme que le chagrin de toutes
es tracasseries lui avoit occasionné, & n'aiant plus été question
le tenir de jointes pour les raisons que l'on a deduites. Monsieur
le Secretaire d'Etat Crumpipen lui envoia vers la fin de ce mois

un nouveau Besogné, qui avoit été fourni par ceux des Finances & sur lequel
on demandoit que le Directeur feroit ses reponses. L'on reproduit ici à la fin
la lettre du Secretaire d'Etat.

Le 15. Fevrier suivant on lui fit reponse en lui faisant passer les reflexions
suivantes, à quoi on étoit d'autant moins tenu, que le Conseil des Finances
n'avoit pas rencontré le decompte que l'on avoit fourni en Août 1736.

Comme on n'a pas retenu de copie de ce nouveau Besogné de ceux des Finances, on doit se contenter de dire ici qu'il chargeoit le Directeur des Droits
d'avoir diverti une somme d'environ 53. mille florins comme ils le detaillent
à l'article 36. de leur Consulte.

❧❧❧❧❧❧❧❧❧❧❧ * ❧❧❧❧❧❧❧❧❧❧❧

A

Pretention du Conseil des Finances.

LA premiere Piece de ce nouveau Besogné du Conseil des Finances sub litt.
portoit que le Directeur avoit profité d'une somme de fl. 1324 : 15 : 9 que
le Receveur d'Ostende Dierens avançoit pretenduement pour son Compte des six
derniers mois de l'an 1735. aussi bien que de fl. 1524 : 15 : 9 sur le Compte du
même Receveur des six mois suivans.

REPONSE.

On ne pouvoit mieux repondre à une soutenuë de cette espece, que par la
production du Compte original de ce Receveur tel que le voici.

	Fraix des Officiers.	Provenu des Droits.
Juillet 1735.	f 470 ; :	f 1350 : 19 :
Août	f 480 : :	f 12671 : 2 :
Septembre	f 406 : 13 : 8	f 5954 : 7 :
Octobre	f 413 : 6 : 8	f 2518 : 3 :
Novembre	f 436 : 13 : 4	f 12257 : 19 :
Decembre	f 446 : 13 : 4	f 4844 : 19 :
	f 2653 : 6 ; 8	f 39597 : 11 :
	Deduits les Fraix	f 2653 : 6 :
	Reste utile	f 36944 : 5 :

Le Receveur avoit païé,		
le 13. Août 1735.	f 723 ; 1 ; 6
14. Septembre	f 11875 ; 12 ;
12. Octobre	f 5321 ; 15 ; 4
11. Novembre	f 1878 ; 11 ;
14. Decembre	f 8593 : 10 : 1
17. Janvier 1736.	f 2648 : 5 : 6
Pour le Convoi	f 2646 : 10 : 9
A la Recette des Fortifications	f 3062 : 8 : 10
Fraix extraordinaires	f 379 : 6 :
	f 37129 : 1 :

Ainsi ce Receveur avance   — — — —   f 184 : 15 :

f 37129 : 1 :

		Fraix.				Provenu.		
Janvier 1736.	-	f 446	13	4	f	2555	3	9
Fevrier	-	f 446	13	4	f	4875	14	10
Mars	-	f 446	13	4	f	4444	.	5
Avril	-	f 446	13	4	f	7319	.	3
May	-	f 446	13	4	f	4315	3	6
Juin	-	f 446	13	4	f	7611	2	2

    f 2680 ; ;   -   f 31120 ; 4 ; 11

    Les fraix deduits - f 2680 ; ;

    Reste utile - f 28440 ; 4 ; 11

Le Receveur avoit paié.

Le 2. Mars 1736	-	f	1877	13	8
10. Avril	-	f	4264	6	
6. May	-	-	f	3671	8	4
27. dito	-	-	f	6320	17	11
7. Juillet	-	f	3643	5	11
1. Août	-	f	6571	1	7
Pour le Convoi.	-	f	1910	15	6
Pour deux Chaloupes	f	200		
Lui vient du Compte precedent	-	f	184	15	9

    f 28654 ; 4 ; 8

Ainsi le Receveur est en avance de - - f 213 ; 19 ; 9

    f 28654 ; 4 ; 8

Ensorte qu'il y a erreur au calcul des Finances au prejudice du
Directeur de la somme de - f 1310 ; 16 ;

♣♣♣♣♣♣♣♣♣♣♣♣♣♣♣♣♣♣♣♣♣♣♣♣♣♣♣♣♣♣

B

Par la Piece cottée B. le Conseil des Finances chargeoit le Directeur (on ne sçait sur
quel pretexe) comme s'il eut disposé d'une somme de f 1699 ; 17 ; 6 au Bureau
de Gand pendant les mois de Juillet & Août 1735.
L'on a suivi dans cette recherche la metode precedente en produisant le decompte
de ces deux mois.

		Fraix.				Provenu.		
Juillet 1735.	-	f 1043	13	2	f	9401	4	10
Août	-	f 1036	13	2	f	9252	.	10

    f 2080 . 6 . 4 - f 18653 . 5 . 8

                     f 2080 . 6 . 4

    Reste f f 16572 . 19 . 4

Et non pas f 14873 . 1 . 10 comme ils l'ont avancé , abus que l'on croit
être provenu de ce que ceux des Finances n'ont pas fait attention que les provenus du Convoi doivent être deduits.

 Desorte qu'il y a erreur à ce Texte de - - - f 1699 . 17 . 6

C

Par la Piece cottée C. on charge le Directeur dans les Fraix
 des Officiers des six mois de l'an 1735. de la somme de f 101759 . 5 . 3
Quoiqu'il est prouvé par le compte que l'on rend à la Chambre que ces Fraix ne se montent qu'à - - f 98240 . 9 . 7

      Ainsi de trop - - f 3518 . 15 . 8

D

La Piece cottée D. est un long detail & balance des Etats des Receveurs d'avec
 celui des Contrôleurs , dans lequel detail le Directeur ne doit entrer , parce
 qu'il n'est pas de son fait , & ne lui faisant rien si les Contrôleurs & même les
 Receveurs ont fourni des Etats fautifs.
Il suffit au Directeur qu'il valide aux Receveurs les Fraix, qu'il leur a permis de faire, &
 comme ses Fraix se trouvent seulement être de la somme de f 103087 . .
Et les Fraix extraordinaires de f 4500 . .

           f 107587 . .

On le charge ici de trop de la somme de f 4642 .

E

La Piece cottée E. charge le Directeur pour les Fraix extraordinaires des six derniers mois de l'an 1735. de la somme de - - f 8803 . 6 .
Il est prouvé cependant que ces fraix ne se montent qu'à la somme de f 5491 . 11 . 10

Donc le Directeur est ici chargé de trop de - - f 3311 . 14 . 6
On le charge encore dans la même Feuille des sept sommes
 suivantes , qui ne viennent en rien au fait de ce compte &
 concernent le second tiers des confiscations.
      Sçavoir f 210 . .
        f 522 . 1 .
        f 400 . .
        f 425 . 8 . 1
        f 1140 . .
        f 1050 . .
        f 1114 . 18 .

           f 4862 . 7 . 1

De même que ce que l'on a inséré de plus au compte du Receveur de Bruxelles & qui regarde le Compte suivant - f 7931 . 2 . 9

                   La

F

a Piece que l'on a produite fous la lettre F. eft dreffée avec le même efprit que
les precedentes : car quoiqu'il paroiffe du Compte du Receveur de Bruxelles,
que l'on a reproduit, que le Directeur n'a touché que 4615 fl. par mois ; on
le charge cependant de fl. 8914 : 14 : 7 de furplus ; afin fans doute de faire accroire qu'il auroit touché la preditte fomme, laquelle ce Receveur au contraire a toujours retenu entre fes mains fans la fournir au Gouvernement, comme il y étoit tenu, & qui lui aura fans doute fervi à fournir aux avances de fa
Recette.

G

a Piece fous la lettre G. eft particuliere. Le Directeur n'a reçu aucun pâïement
des Receveurs, on veut neanmoins le charger ou de leurs avances, ou de leurs
courtreffes.
S'ils ont trop païé c'eft la Caiffe de Sa Majefté qui l'aura reçu, & s'ils ont païé
peu, c'eft au Confeil à en exiger le païement, puifque le Directeur n'a aucun maniment de la Caiffe.

H. I.

Enfin c'eft la même chofe touchant les Pieces cottées H. & J.

Et les deux decomptes, que l'on a produit enfuite, étant dreffez hors des Pieces
precedentes, qui font fauffes ; né peuvent fe foutenir dans aucunes de leurs
parties.

Recapitulation des fommes defquelles ceux des Finances chargent mal
à propos le Directeur des Droits, Sçavoir.

Sous la lettre A	-	f	1310 ;	16 ;	
B	-	f	1699 ;	17 ;	6
C		f	3518 ;	15 ;	8
D	-	f	4642 ;	;	
E ⌠	-	f	4311 ;	14 ;	6
⎨	-	f	4862 ;	7 ;	1
⌡	-	f	7931 ;	1 ;	9
F	-	f	8914 ;	14 ;	7

f 36191 : 7 : 1

Enforte qu'il refte prouvé que dans ce décompte des Finances il y a erreur de plus
de trente-fix mille florins, ce qui démontre la juftelle de leur décomptes, ou leur
ignorance, ou leur malice, & combien peu l'on doit s'en raporter à toutes les Piè-
ces qu'ils exhibent à la charge du Directeur des Droits.

L

LETTRE DE MONSIEUR CRUMPIPEN,

Sécretaire d'Etat laquelle a accompagné les Comptes précé-

dents.

MONSIEUR

LEs Ministres de la jointe aiant consideré les remarques ci jointes faites sur les quatres Cahiers cottés A. B. C. D. que vous avez ci devant remis à Son Excellence le Grand Maître, & aiant, par leur resolution prise dans la derniere assemblée, trouvé convenir qu'elles vous fussent communiquées, afin qu'en rencontrant les Points & Faits y deduits, vous puissiez y donner les éclaircissements & appaisements requis, Sadite Excellence m'a chargé de vous les remettre à l'effet susdit avec les onze Pieces dont elles sont accompagnées dont les neuf premieres sont marquées depuis la lettre A. jusques & y compris la lettre J. les deux restantes étant deux Memoires particuliers : à quoi satisfaisant je vous prie Monsieur de m'en accuser la réception, & d'être persuadé de la consideration parfaite, avec laquelle j'ai l'honneur d'être,

MONSIEUR,

Votre très-humble & très-obéis-
sant serviteur.
H. CRUMPIPEN.

Bruxelles le 27. Janvier 1738.

Mr. LE BARON DE SOTELET.

CONSULTE DU CONSEIL DES FINANCES,

Produite au Gouvernement en Fevrier, qui a occaſſonné l'ar-
rêt du Directeur des Droits en Avril 1737.

CONSULTE   CRITIQUE.

I.

OTRE ALTESSE Sereniſſime aiant été ſervie d'ordonner une jointe compoſée &c. & du Baron de Sotelet, on lui communiqué dans les deux proieres Aſſemblées tant de bouche que par écrit les 37. Points recueillis par ceux du Conſeil des Finances, qui ont engagé V. A. S. à faire former laditte jointe.

Le Baron de Sotelet aiant eu tout le tems de demêler ſes reponſes ſur le memoire des griefs du Conſeil des Finances, qui lui a été remis, les a enfin fourni par écrit.

ont été ſervies

Et comme bien loin de repondre pertinemment, il ne tachoit que d'eluder les queſtions, qui lui avoient été propoſées, & principalement par raport à la diverſion des

N voit par les Pie-
ces qui ont precedé
cette Conſulte, que
la premiere de ces
Aſſemblées à été tenue le 24. No-
vembre 1736. & que lors on y a
communiqué au Directeur les
37. Points mentionnés ci contre.
L'on y renvoie le Lecteur folio II.

II.

A voir cet article, il ſemble-
roit qu'il y ait eu un tems extra-
ordinaire entre la production des
37. Points & les reponſes: cepen-
dant ils n'ont été fournis que le
24. Novembre, & les reponſes
par écrit le ſix Decembre ſuivant.

III.

On en apelle au jugement du
public pour decider ſi l'on a repon-
du & peut être trop pertinem-
ment, & ſi l'on a éludé les que-
ſtions propoſées & comme l'on feint

deniers, nous avons trouvé à propos de l'entendre verbalement dans la vue de le faire convenir lui même, non seulement d'avoir diverti 25948 fl. comme il l'avoüe deja par écrit, mais toute la somme qui manque, montante environ 50. à 60. mille florins.

Sentant bien qu'il alloit être convaincu de cette diversion des deniers de S.M. & qu'il n'avoit aucune bonne raison à donner pour sa justification, il a fait naître un incident dont on parlera dans cette Consulte, qui a consumé presque tout le tems de la jointe pour éviter par là que l'on ne traita la matiere de cette diversion.

V.

Ce qui a fait assez connoître à la jointe, qu'il étoit inutile de l'entendre davantage de bouche & qu'il faloit se contenter de ses reponses par écrit.

V I.

Nous ne pouvons consulter V. A. S. à fond sur tous les points du memoire du Conseil des Finances, parce que cette discussion demande beaucoup de tems.

de 56. articles qui requierent infiniment plus d'examen & de circonspection.

V I I.

Mais nous nous donnerons l'honneur d'exposer provisionnelement à V. A. S. ce qui s'est passé dans la seconde assemblée en touchant legerement quelques points agités dans les suivantes, afinque

aux articles 22. & 23. suivant de n'avoir vû jusqu'alors le Besogné du Directeur du 20. Aoû on demande ici par où il a par qu'il avoit avoué d'avoir diverti 25948. fl. puisque l'on soutien par le même Besogné qu'il e, faux que l'on ait fait cet aveu

I V.

Il n'est rien de plus ennuieu que de repondre à des Sophisme ni rien de plus facheux que d devoir improuver les faussetté qu'avance un effronté. Il suffi de dire que le contenu de cet article, de même que du suivant est forgé à plaisir & entieremen controuvé, on renvoye le Lecteur aux Pieces precedentes, c il y a une ample & fidele relation de ce pretendu incident, o y trouvera une satisfaction complette. folio 35.

V I.

Qui ne s'apercevra du ridicule de cet article? On ne peut dit-on, consulter S. A. S. sur l Memoire des 37. points, parcequ la discussion emploieroit trop d tems. Et l'on fait une Consult

V I I.

Lorsqu'il ne s'agit de rien moins que de renverser les principales dispositions que le Souverain a fait dans ses Pays-Bas; le Conseil des Finances estime l chose de si peu de consequence qu'
V

7. A. S. y ayant refléchit avec la rudence ordinaire, elle daigne y tatuer ce qu'elle trouvera convenir.

il n'est question que d'exposer provisionellement & toucher legerement quelques points agités.

VIII.

Les deux premiers desdits 37. oints roulans sur les deniers déournez pendant la premiere année e cette Direction générale, ont onné occasion de lui demander, en vertu de sa commission, il ne trouvoir pas obligé de faire remourfer les avances des Receveurs es droits, qu'il destituoit par ceux

Il suffit de dénier ici la supposition que l'on fait à la fin de cet Article ; c'est-à-dire, que l'on ait permis ou ordonné le remboursement mentionné hors des deniers de S. M. Au surplus voyez la réponse ci-après sur les Articles 15. & 16.

u'il établiroit à leur place, sans toucher à la Caisse de S. M. & si dans s cas particuliers des Receveurs de Bihain & de Tournai, il ne croyoit as d'avoir contrevenu à sa commission en faisant rembourser le prener de son avance de f. 1114 : 18. hors du provenu des droits de S. M. t en permettant au second de tirer de sa Recette celle de 4. mille fl.

IX.

A quoi le B. DE SOTELET à pondu „ qu'il convenoit que selon l'un des articles de sa commission & lors qu'il s'agit de de-

C'est la réponse que le Directeur a faite par écrit sur le premier des 37. points proposés folio 11.

placer un Officier pour en mettre un autre, le nouvel Officier doit préalablement rembourser le precedent des avances qu'il a fait au Gouvernement.

X.

„ Mais que lorsqu'un Receveur s'étant remboursé de ses avances quite de son chef, avant que

C'est la suite de la réponse précédente.

le Directeur y ait pourvû d'un nouveau, il n'étoit que trop clair que ce remboursement ne peut être fait que de la Caisse de Sa Majesté puisque le Directeur n'y a aucune part, & qu'il n'a pas même eu le loisir d'y pourvoir d'un autre.

X I.

„ C'est le cas, dit-il, du present article, le Receveur Laiskin s'est remboursé & il a falu que la Caisse en seroit chargée.

C'est la suite de la même réponse.

jusqu'à ce qu'il se présentât quelque autre qui fourniroit au wuide, & c'est ainsi selon lui ce qui

M

„ été exécuté dans le cas prefent, puifque N. Pieret actuellement Re
„ ceveur des Droits au Bureau de Bihain a fait le rembourfement de
„ deniers de l'avance de Laiskin, que le Receveur de Luxembourg e
„ eft nanti, & qu'il doit en avoir fait la remife à la Dame Proli d'Anver

X I I.

Et quant au cas du Receveur de Tournai deftitué par le B. DE SOTELET en Septembre 1735. *Voyez ci-après la reponfe fu l'Article 16.*

qui lui avoit été allegué de bouche pour fervir de fecond exemple d contravention, il y a repondu auffi verbalement, qu'il avoit rempla cé ces quatre mille florins de l'avance dudit Receveur à la Caiffe de Veuve Proli, avant la fin de l'Année 1735. de forte que cette fomm n'ayant été retirée que du produit du mois de Septembre il confideroi ce fait comme de peu ou point d'importance.

X I I I.

On lui repliqua que cette diftinction au premier exemple étoit frivole : puifque les Receveurs n'étants que Depofitaires des deniers de S. M. ils ne peuvent fe les apliquer en rembourfement de leurs avances, comme le Confeil des Finances lui avoit fait connoître à l'egard du Receveur du Bureau de Saint Jean qui vouloit au dire du Baron DE SOTELET faire la même manœuvre.

Avant de croire qu'une dif tinction eft frivole; parceque ceu des Finances l'auroient ainfi qua lifiée, fans en avoir produit de preuves : il faut que l'on montre ou, & depuis quand ils ont ac quis autant d'autorité qu'Arifto te, & que fur leurs Sentence on foit tenu de jurer in verba ma giftri.

Pour le refte de cet article or s'en raporte au contenu des Let tres d'affurance, que S. A. S. fignées en faveur des Officiers qui ont fait des avances. Aux quelles Lettres on foutient que ceux des Finances font obligez de fe conformer & que tout le raifonnement qu'ils font au con traire eft hors de mife.

Il y a une de ces Lettres à la fin de ce Volume, avec le Pieces fervantes de preuves.

X I V.

Mais aiant avancé, qu'il n'avoit jamais reçu cette Lettre, on lui repondit qu'on ne pouvoit admettre cette pretendue diftinction, qu'elle feroit très-mal apliquée au

On n'a jamais dit que l'o n'avoit pas reçu la lettre qui trai toit du Receveur du Fort Sain Jean & pour preuve du contrai re, c'eft que l'on y a repliqué.

as du Receveur de Bihain, vû qu'
conſtoit tant par le Rôle de ce
epartement, où il avoit ſervi que
ar d'autres Pieces ; qu'il l'avoit renvoyé & fait relever par un Garde
ommé Dubois, qui avoit été envoyé au Bureau de Bihain quelques ſemaines avant le renvoi de Laiskin, pour ſe mettre au fait de cete Recette.

Pour le reſte voyez la reponſe à l'article ſuivant.

X V.

Que d'ailleurs ledit Laiskin n'aoit pas pû ſe rembourſer de ſes
vances, vû qu'il a dû compter
la fin de chaque mois le clair
roduit de ſa Recette à ſon Reeveur Principal, que ſa Recette produit qu'environ - - -
- - - par mois & qu'il étoit
uſſi notoire & atteſté par des letres qu'on avoit en mains que
dit Laiskin avoit été rembourourſé des ſeſdites avances de fl.
14. : 18. par le Receveur de
aint Vith ſon Principal.

*Le contenu de cet article, du
huitieme, & du precedent qui
traitent tous de la même matiere ne peuvent ſe ſoutenir
dans aucunes de leurs circonſtances.*

*Le Receveur Laiskin aiant
retenu le produit de ſon Bureau en Decembre 1735. pour
partie du rembourſement de ſon
avance a reçu le reſtant de ſon
Receveur Principal, auquel il
a remis ſes Lettres d'aſſurance avec quittance.*

ſ) ſuite fait paſſer ces Lettres au
ui a envoyé ſes Reconnoiſſances
5. ce dernier les a envoyé au
idé pareille ſomme ſur le montant
e Directeur enſuite a fait repaſſer
ance au nommé Pieret vers le mois
adier de Navagne Perier qui en a
porté au Directeur General ; de ces
emble ſuffiſament que Laiskin s'eſt
ant qu'il a pû dependre de lui &
nent, quant à l'interval, n'a pas été
M. mais bien par celle du Directeur,
onſtances le Receveur de Luxembourg
es Lettres, ni Pieret rembourſé la valeur.

*Le Receveur Principal a en
Receveur de Luxembourg qui
comme pour argent comptant,
Directeur General qui lui a vade ſon tiers des confiſcations.
les mêmes Lettres d'aſſud'Août 1736. par le Brireçu le montant, qu'il a
circonſtances il conſte ce
rembourſé par lui-même auqu'au de-là, ce rembourſefait par la Caiſſe de
puiſque ſans ces cirn'auroit pas reſtitué*

X V I.

Qu'à l'egard de l'avance du Receveur de Tournay, la Veuve Pro

Les articles 8. & 12. qui regardent le même fait, trouveront

li n'avoit bonifié les susdits quatre mille florins lui remis par le Baron DE SOTELET pour le Compte du Receveur de Tournay destitué au mois de Septembre 1735. que depuis deux à trois mois.

ici leur solution. On dira que le Directeur ne jugeant pas le Sr Lackman capable d'administrer cette Recette, il y envoia pour aide le Sr. Bouillez, qui avoit deservi cet Emploi en 1733. avec une grande capacité, que l'arrivée de cet ancien Receveur alarma Lackman, & après plusieurs resolutions contradictoires prises les unes après les autres le fit resoudre à se tenir garni de son avance : il laissa administrer la Recette par Bouillez, qui a ensuite remis la même avance à la Veuve Proli. Si cette avance n'a été remis que quelques mois après, qu'en peut le Directeur? Lackman pouvoit ne pas se rembourser, il pouvoit aussi le faire, il l'a fait, mais le Directeur ne le lui a pas permis, & c'est dequoi seulement il est question.

XVII.

Nonobstant tout ce qu'on dit au Baron DE SOTELET, il ne voulu pas convenir de la verité, & on ne trouva pas à propos de lui communiquer ces Lettres, qui justifient ces faits, pour ne pas compromettre leurs Auteurs.

Le Directeur n'avoit garde de convenir de ces faits, puis qu'ils etoient faux; c'etoit à ceux des Finances à les prouver: mais par une exception toute nouvelle ils n'en veulent rien faire, & ils aiment mieux de passer aux yeux du Public pour des imposteurs que d'exposer des faux temoignages à être rejettés & blâmés.

XVIII.

La matiere se presentoit ensuite pour parler des deniers divertis & ce fut pour lors, que le Baron DE SOTELET sentant son foible, fit naître l'incident dont nous avons parlé ci-dessus.

Voyez la reponce à l'article 4.

XIX.

Il consiste en ce que ledit Baron De Sotelet avança, par maniere de plainte contre le Conseil des Finances, que ledit Conseil auroit demandé au Receveur de Bruxelles un Compte des païemens qu'il auroit fait au profit dudit Baron, pretendant d'avoir été informé de ces faits par le Receveur de Bruxelles même.

Il suffit pour cet article de s'en raporter aux Pieces precedentes. folio 35.

XX.

XX.

Il fut repondu à cette plainte que cette pretendue information étoit abusive, puisque le Conseil l'avoit demandé ledit Compte; mais que ledit Receveur étoit vénu se plaindre par lettre audit Conseil de ce que SOTELET. levoit de l'argent des Caisses de ses Receveurs Subalternes, tandis qu'il étoit payé au de-là de ce qui lui competoit & demande du remede à une pratique si prejudiciable au service de Sa Majesté & d'ailleurs directement contraire aux Ordonnances, aussi-bien qu'aux Instructions que ledit Baron a dressé lui-même pour ses Receveurs.

Voyez la reponse qui sera ci-après sur l'article 27.

Il est très ridicule de vouloir astreindre le Directeur à un reglement qu'il à fait pour ses Officiers & non pour soi.

XXI.

La même Lettre ayant eté exminée dans la jointe aussi-bien que les Pieces dont elle étoit acompagnée, le Baron voyant que sa plainte étoit mal fondée, & qu'il constoit par les Pieces produites par ledit Receveur, qu'il avoit réellement levé l'argent des Caisses de quelques Bureaux Sualternes, promet de delivrer lui-même son compte avec ledit Receveur, comme il a fait, & il fut resolu que l'on enjoindroit audit Receveur de Bruxelles de verifier son état de païement par les acquits originaux, comme il a aussi fait, à la confrontation de laquelle, la plus gande partie de la troisieme jointe a eté emploïée.

Voyez la reponse qui sera ci-après sur l'article 27.

XXII.

Enfin contraint de parler sur la diversion des deniers le Baron DE SOTELET a dit, qu'il avoit remis au G. M. de V. A. S. les Etats de la recette & depense de la premiere année de sa Direction, pour lui faire voir que la somme d'environ 60. mille fl. que le Conseil des Finances pretend avoir eté detournée pendant ladite premiere année de sa Direction, devoit se trouver dans les Caisses des Receveurs, & que depuis ce tems une partie en avoit été remise à la Veuve Proli.

Voyez la reponse faite sur l'article 3. aussi-bien que les Pieces precedentes folio 11. & suivant.

XXIII.

Le Grand Maitre de V. A. S. aiant produits lesdits Etats, il fut

Voyez la reponse faite sur l'article 3. aussi bien que les Pie

relolu qu'on les examineroit, & que raport en feroit fait en jointe.

Aiant ainfi jugé, convenir d'eclaircir plus amplement ce fait du rembourfement des avances fus-mentionnées des Receveurs des Droit de Bihain & de Tournay, deftitués par le Baron DE SOTELET le dernier en Septembre & l'autre en Decembre 1735. On a ecri pour l'apaifement de la jointe tant au Controleur de S. M. a Departement de Luxembourg qu'à la Veuve Proli.

ces precedentes.

Voyez les reponfes fur les articles 24. & 25. fuivans.

X X I V.

Leurs reponfes luës dans la quatriéme Affemblée portent, fçavoir celle du Contrôleur de Luxembourg, que dans le mois de Decembre 1735. le Receveur Laiskin pour lors à Bihain a été rembourfé par le Receveur Bragard de St. Vith hors des deniers de la recette par raport que le Baron DE SOTELET avoit diminué le gage lui accordé par le Confeil, contre laquelle diminution ledit Laiskin a protefté par devant Notaire au fujet du rembourfement & à fait paffer le même Dubois pour lors Garde à Drimborn audit Bihain jufqu'au mois de Septembre inclus de cette année, dans lequel tems le Receveur Pieret pour lors à Drimborn a remplacé les mil le florins rembourfés audit Laiskin, fi bien qu'il y a neuf moi d'interftice entre la Demiffion de Laiskin de la recette de Bihai & l'admiffion de Pieret à ladite recette, fçavoir, ledit Dubois deffervi la recette de Bihain depuis le premier Janvier 1736. juf qu'au dernier Septembre inclu & le fufdit Pieret a commencé la dite recette le premier Octobre fuivant.

Voyez la reponfe faite fur l'article 15.

Au furplus on doit reflechir qu fi ceux du Confeil des Finance avoient cherche la verité & vou lu fçavoir, fi le Directeur avoi ordonné que l'on feroit le rem bourfemeut à Laiskin hors de deniers de Sa Majefté, il falo ecrire directement au Receveu de St. Vith & non à un Contrô leur qui ne peut fçavoir autr chofe que ce qu'il copie du regif tre de la recette de Luxembourg & qui n'a pû leur repondre qu fur des ouïs dire & des aparen ces.

X X V.

Et celle de la Veuve Proli que la moitié des quatre mille florins de l'avance dudit Receveur de Tournai a été feulement eteinte

Faites attention ici à la contradiction manifefte qu'il y a en tre cet article & le 16. precedent Le 16. dit qu'il n'y a que
deux

19. Mars & l'autre le 20. Août
36. qu'elle a porté ces deux
mmes en recette par sa Notte
dinaire du 29. Septembre der-
er & que le Receveur Principal
: Luxembourg ne lui a jusqu'à
efent point remis l'avance faite
: rembourfement de Laiskin.

mois que le remboursement des
quatre mille florins est fait, ce
qui doit être vers le mois de Novembre 1736. & celui-ci parle
de Mars & Août & qu'on
en a fait le renseignement qu'
en Septembre.

D'ailleurs qu'importe au Directeur le tems du renseignement?

pourquoi la Veuve Proli ne l'a-t-elle pas fait plûtôt?
Il lui suffit qu'il a donné ses Lettres à ce sujet en Decem-
e 1735. telles qu'il les reproduit dans les preuves : le residu
ant le fait de Lackman & Bouillez & principalement l'in-
folution du premier.

XXVI.

Etant ainsi aparu que non seu-
ment le Baron DE SOTELET
fert d'une distinction imaginaire;
ais qu'il dispose à son profit
pour ses vues particulieres des de-
iers de Sa Majesté contre la teneur
e fa Commission dont il a juré
obfervation, & que les f 1114 : 18
font pas encore restitués, quoi-
u'il ait osé dire & assurer le con-
aire en pleine jointe, nous croi-
ns qu'il est tombé de ce chef dans
ne contravention absolue.

Cet article est singulier dans
son espece : on s'est contenté jusqu'à present d'avancer, quoiqu'à
faux que le Directeur avoit ordonné ces remboursemens hors des
deniers de S. M., & l'on conclut
ici ex abrupto que le Directeur
a disposé à son profit & pour ses
vues particulieres de ces deniers.
Si cela n'est pas écorcher le bon
sens ; on a oublié toute la Logi-
que & l'on seroit fort curieux de
voir la demonstration de cette
pretenduë contravention.

Quant au reste ; le Receveur de Luxembourg faisans ses re-
ifes en gros, il n'est pas etonant que la Veuve Proli ait repon-
u comme elle peut l'avoir fait ; mais c'est dans quoi le Di-
ecteur ne doit pas entrer, lui suffisant d'avoir validé cette som-
ne au Receveur de Luxembourg sur les confiscations lui apar-
enantes.

XXVII.

Nous avons ensuite ouï le ra-
ort tant du decompte des paie-
nens faits par Rocquigny Rece-
eur de Bruxelles, que des états
le recette & depense pendant la

Avant de repondre au contenu de cet article comme des deux
suivans, on dira que le Directeur n'a pas intervenu au raport
du Compte y mentionné, & qu'il

premiere année de la Direction generale dudit Baron DE SOTE-LET & nous avons reconnu à l'égard du susdit decompte des paiemens faits par le Receveur de Bruxelles au profit & ordre dudit Baron, qu'il a effectivement levé sur les recettes de Malines & de Sombref, comme aussi sur celle des Tonlieux à Bruxelles, les sommes dont le Receveur, qui est leur principal s'étoit plaint & cela non-obstant son propre reglement.

est ridicule de citer le reglemen que le Directeur a fait pour se Officiers, quia lex non afficit le gislatorem.

Qu'au surplus si l'on agisso de bonne foi dans cette Consulte pourquoi faloit-il ometre la qualité des sommes levées sur le Bureaux subalternes à celui d Bruxelles? Sçavoir sur celui d Sombref, fl. 83. sur Malines fl. 1400. & sur les Tonlieux fl. 440.

laisser à deviner qu'elles étoient plus considerables, afin d'insi nuer davantage le pretendu crime.

X X V I I I.

Nous avons vû encore les deux lettres originales du Receveur de Sombref & du Baron de Sotelet, du 11. & 17. Decembre 1736. que le Receveur principal de Bruxelles se conformant audit reglement a renvoié auxdits Receveurs de Sombref & de Malines les quittances du Directeur General par lettre du 6. Decembre ensuivant, en insistant à ce qu'ils auroient à lui remettre au plûtôt, l'import desdites assignations en espece, à quoi le Receveur N. Dupaix a repondu par ses dernieres lettres du 11. Decembre dernier, qu'il ne peut pas paier deux fois, qu'il croit de s'être aquité de son devoir, pour avoir fait honneur au billet de Mr. le Baron de Sotelet son Maître, & si en cas il ne veut pas lui passer en compte, il le prie de le mettre en main à son Frere qui pourroit lui en faire faire raison.

Sans doute que l'on vouloi

Mais pourquoi aussi ne pa dire ingenument, que cette le vée avoit eté faite au profi du Receveur de Bruxelles, à compte de ce qu'il devoit paier au Directeur? les quittance, etant dirigées sur son nom & la somme reçue comme de lui même par main de tel?

Cette naiveté n'auroit pas se condé les vuës que l'on avoit de nuire au Directeur.

Et c'est aussi dans ces mêmes intentions que l'on a laissé croire que le seul Bureau particulier de Bruxelles auroit été assigné pour le paiement des apointemens du Directeur, sans y devoir comprendre ses subalternes, dans le tems que ce Bureau particulier de Bruxelles n'est pas capable de paier par lui même la moitié desdits apointemens.

X X I X.

X X I X.

Le Receveur de Malines s'adres-
à pareillement audit premier Of-
ficial Dupaix, qui communiqua sa lettre au Directeur General qui
epondit de sa propre main audit Receveur.

Comme à l'article ci-deßus.

X X X.

Nous avons reconnu encore,
qu'aulieu qu'il lui seroit encore dû
ur le mois de Decembre 1736.
comme il le pretend par son pro-
et de decompte avec le Receveur
le Bruxelles, il est entierement sa-
isfait dudit mois, & qu'il a deja
ouché sur celui de Janvier 1737.
2589 : 17 : II à quoi il faut
jouter ce que ledit Baron a assig-
é sur le provenu de Decembre &
sour lesquels le Receveur de Bru-
celles s'est obligé personnellement
sortant f 2309. de sorte que l'an-
icipation monte à la somme de
4898 : 17 dont deduit ce que le Baron pretend lui apartenir
sour le deuxieme tiers des confiscations au Departement de Bru-
celles f 679 : 19 : 9 il reste toujours qu'il a touché par anticipation f 4218.

Les faußetés, Sophismes, &
faux Calculs, que l'on a entas-
sés les uns sur les autres ès ar-
ticles 30. 31. & 32. ne meritent
plus d'être relevé, après que le
Grand Conseil de S. M. a de-
cidé sur le fait du compte du
Receveur Rocquigni : parce que
si la Sentence de ce Conseil est
juste & portée à propos, com-
me l'on n'en peut douter, il
est absolument certain que le
contenu de ces trois articles est
faux, controuvé & calomnieux.

X X X I.

On observe que les Officiers
du Bureau de regie ne sont pas
saïé dudit mois de Decembre; desorte que ledit Baron se trouve
deja païé d'une grande partie du mois de Fevrier prochain, sur
tout quand l'on considere, que dans les Fraix du Bureau de regie, sont compris des paiemens, qui doivent notoirement venir à
charge du Directeur General, comme sont par exemple les pen-
sions d'Avocats & Procureurs, qu'il doit suporter parmi le second
tiers des confiscations, dont il jouit sur le pretexte des Fraix de
procedure, quoiqu'il en fasse peu.

Voyez la reponse à l'article 30.

X X X I I.

Mais ce qui vous semble meri-
ter l'attention de V. A. S. est, qu'il

Voyez la reponse à l'article
30. & remarquez ensuite le

O

nous est aparu dudit compte du Baron DE SOTELET, que dans les 83070. florins qu'il pretend d'avoir seulement touché pendant les dix-huit mois finis le dernier Decembre 1736. quoiqu'il ait reçu fl 4218 : 18 : 2 de plus, les Officiers du Bureau de regie ne font compris que pour florins 14539 : 9 & les necessités dudit office pour florins 1623 : 6 de sorte que le Baron DE SOTELET qui a fait compter à son profit fl. 66774 : 17 tandis qu'il ne peut jouir que de trente mille, somme très considerable par année, faisant pour dix-huit mois 45. mille florins, a trop reçu & doit refondre de ce chef à Sa Majesté plus de 21. mille florins & ainsi avec les f 4218 : 18 : 2 qu'il a touché par anticipation environ 26. mille florins.

XXXIII.

Ensuite raport nous ayant eté fait des susdits Etats de la recette & depense de la premiere année de cette Direction reclamés par le Baron DE SOTELET, nous y observons qu'il avouë d'avoir disposé pendant la premiere année par-dessus les 240. mille florins, qu'il peut employer tout au plus pour les frais de regie, d'une somme de florins 25948 : 2 : 3 sous pretexte, à ce qu'il dit, qu'il auroit dû augmenter le nombre des Gardes pour empêcher la sortie frauduleuse des chevaux vers la France, tandis qu'il est notoire, & connu à toute la jointe qu'il a eté permis au Directeur General immediatement après son avenement à cette Direction de laisser sortir les chevaux & d'en percevoir même les Droits plus forts, que ceux statuez par les Tarifs, & que d'ailleurs il n'auroit pû

bel argument que l'on y forme, le voici.

Le Directeur n'a payé à ses Officiers que la somme de florins 14539. dans celle de florins 83070. donc il n'a fait aucun autre payemeut pour son office.

Si ceux des Finances etoient gens à prouver les Besognez qu'ils exhibent au Gouvernement, c'etoit ici l'endroit naturel pour prouver celui qu'ils avoient produit en Juillet 1736. par lequel ils ont avancé que le Directeur des Droits avoit diverti à son profit une somme de 63. mille florins comme ils l'ont repeté à l'article 3. de cette Consulte : mais ils s'en sont bien gardés afin de couvrir leur turpitude ; & les voici seulement revenus à examiner en Decembre 1736. des Papiers que le Directeur a fourni en Août precedent encore cet Examen ne tombe qu'à l'effet d'eluder les raisons necessitantes, que le Directeur a eu d'augmenter les fraix de la regie.

Ils disent qu'il est notoire & connu à toute la jointe, que la

emparer de cette somme sans une ermission expresse.

ET à la Direction : Mais. l'imposer ?

sortie des chevaux a été permise immediatement après l'avene- ment du Baron DE SOTE- à qui de bonne foy pensent-ils

XXXIV.

Nous prions V. A. de conside- er à l'égard de ces déniers détour- ez que le Baron DE SOTE- ET en a disposé à l'insçu du Gouvernement dans un tems, qu'- éludoit la reddition des comptes, : qu'il n'a fait cet aveu qu'après ue le Conseil avoit porté à la con- oissance de V. A. qu'il s'en fal- oit florins 62130 : 8 que le clair roduit de l'année revolue le der- ier Juin 1736. n'étoit pas en- é dans la Caisse de la Veuve roli qui reçoit ces revenus pour a Majesté)

Il est bien vrai que la sor- tie des chevaux a été permise; mais il est faux qu'elle l'ait eté dans toutes les Provinces: & la deffense en a eté conti- nuée dans celle de Luxembourg, & partie de celle de Namur jusque vers le mois de May 1736. lorsque l'on a emané le Placard qui suit du 21. Avril & qui n'a pû avoir ses effets par tout, que dans le mois de May.

Cependant c'est precisement cette Frontiere qu'il a falu toû- jours garder & même la seu-

, tant parce que la neutralité n'y a pas eté observée, que ar la facilité qu'ont les Marchands de la traverser, ainsi l'on eut dire avec verité que la permission de sortir & transiter les hevaux par le Brabant, la Flandre & une partie du Com- é de Namur, qui est tout ce qui a été accordé, n'a pas em- eché le Directeur de devoir faire une depence considerable pour arder la Frontiere de France dans les Provinces de Luxem- ourg & Namur outre meuse.

Et la preuve du premis se tire de ce que le Conseil des Fi- ances a fait en l'an 1734. lorsque la deffense generale subsis- oit dans toutes les Provinces, puisqu'alors il n'a garni que la même Frontiere dont nous parlons, & s'il n'a pas fait la mê- me depense que le Directeur, c'est qu'il a eu des Troupes des Garnisons de Luxembourg, Bruxelles & Charleroi, tant In- anterie que Dragons, au nombre de plus de cinq cens Hom- es, & que si les frais de Droits n'en ont pas augmenté, a Majesté n'y a pas été beaucoup moins interessée par la de- ertion que cette manœuvre a occasioné.

Outre que ces Troupes ont dû se retirer à l'ouverture de la

Campagne de 1735. & *que pour les remplacer le Directeur a d*
former plusieurs Brigades à pied & à cheval & augmenter l
Gardes de chaque Bureau de cette Frontiere.

  Leur etant d'ailleurs très-impertinent d'avancer, qu'ils n'o
pas eu de connoissance de ces dispositions, puisqu'ils ont reçu ch
que mois les Listes de toutes la depense de chaque departemen
par leurs Contrôleurs.

ORDONNANCE DE S. A. S.

,, **S**ON ALTESSE SERENISSIME , aiant cor
,,   sideré , que les raisons qui ont donné lieu à l'émana
,,   tion du Placcard du vingt quatriéme Septembre m
,,   sept cent trente quatre , portant defense de la forti
,, des Chevaux , & effet de contrebande y specifiez , font venu
,, à cesser , a pour & au Nom de Sa Majesté , par avis du Cor
,, seil de ses Domaines & Finances , declaré , comme elle decla
,, par cette , de revoquer le même Placcard , & que partant ice
,, luy vient à cesser , ordonnant à tous ceux qu'il appartiendra d
,, se regler & conformer selon ce. Fait à Bruxelles le vingt un A
,, vril mil sept cent trente six. Etoit paraphé , *Berv. v:* MARI
,, ELISABETH , *contresignés* J. J. *Bervoet* , J. *de Witt* , P*a*
,, *pejans dt. de Morchoven.*

A BRUXELLES,

Chez GEORGE FRIX , Imprimeur de Sa Majesté Imperial
& Catholique 1736.

XXXV.

  Ce qui fait presumer que,
sans cette vigilance dudit Conseil
cette diversion, dont une partie est
remplacée après-coup auroit augmenté de plus en plus.

  On fera voir en tems & lieu
que leur vigilance est toujour
bien mince & ignorante, & l'o
ne s'attachera ici qu'au pretend
Remplacement mentionné , à l'é
gard duquel on dit que jusqu'
ce qu'ils l'aient prouvé de quo
on ose les defier, ils passeron
pour des imposteurs publics. Ce qui soit dit sans perdre le respec
que l'on doit au Conseil des Finances, qui est toujours respectabl
par l'autorité que Sa Majesté lui a confiée & uniquement pou
ceux qui ont eu pari à cette Consulte.

XXXVI.

XXXVI.

Nous fixons maintenant à flo-
ns 53987 : 3 : 11 & nous croi-
ns pouvoir avancer qu'au lieu de
25914 : 2 : 7 le B. de Sotelet
difpofez de f 47953 : : 3 &
ue des f 6052 : 2 : 8 reftans
ui devroient être dans la Caiffe de
uelques Receveurs, Sa Majefté
cevra peu ou rien, vû que le
ouvernement ignore les fraix ex-
aordinaires de onze Bureaux,
nt jufqu'à prefent on n'a pû a-
ir de connoiffance à caufe des
ftacles, que ledit Baron y a apor-
s, & qui abforberont aparament
tte fomme & peut-être au delà.
eforte qu'il nous femble que le
nfeil n'avoit pas tort, lorfqu'il
fait comprendre à Votre Alteffe
ue Sa Majefté êtoit en rifque de
meurer privée de la fomme de
62130 : 8 qui manquoit au bout
e la premiere année.

*Pourquoi ne fait on pas ici la
moindre mention du Befogné,
qu'ils ont fait communiquer au
Directeur des Droits en Janvier
1737. par lequel ils pretendoient
demontrer qu'il auroit detourné
à fon profit les f. 53987 : : ici
mentionés, ce filence & ces reponfes que l'on trouve folio 35.
& fuivans. devroient couvrir de
confufion les Auteurs de cette
Confulte. Pourquoi ne pas parler de la replique que le Directeur y a faite le 15. Fevrier 1737.
par laquelle il a reduit en pouf-
fiere tout ce fameux calcul?*

*Eft-il permis d'en impofer de
la maniere à la Sereniffime Gouvernante? & fuffit il après des
repliques. les mieux circonftan-
ciées delivrées en Août 1736. &
Fevrier 1737. de ne pas le rencontrer & d'infifter de nouveau
fur leur faux befogné?*

*On s'en remet au jugement du Lecteur équitable, qui trouve-
t toutes ces pieces* folio I. *& fuivant.*

XXXVII.

Et pour prevenir du moins pre-
aratoirement ce que nous venons
'avancer, il n'y a qu'à voir les e-
ts de recette & depenfe formez
at le Baron de Sotelet.

*Cet article; auffi bien que les
deux fuivants, dit virtuellement qu'il faut pendre le pretendu Criminel & que l'on fera fon
procès par après.*

XXXVIII.

Il eft bien vraig que pour tour-
et ces preuves preparatoires en

Comme à l'article ci-deffus.

emonftrations evidentes Votre Alteffe a ordonné aux Receveurs par-
culiers de rendre compte à la Chambre de leur maniment, & au Ba-
on de Sotelet d'y compter des fraix de regie.

XXXIX.

Mais comme ces comptes arrie-
ez de dix-huit mois, ne font pas
acore dreffez, que les Rôles de

*Voyez à l'article 37.
Au furplus il eft faux de dire
comme on fait à cet article, que*

l'an 1736. sont encore entre les mains du Baron de Sotelet, & qu'avant que ces Rôles soient examinez & les Comptes coulez, il se passera peut-être six mois ou plus. Nous croyons qu'il ne convient pas que Vôtre ALTESSE attende la fin de toutes ces operations & que le risque que courent les deniers de Sa Majesté & le prejudice qu'Elle souffre dans le Commerce exige que Vôtre Altesse aporte un prompt remede à tous ces maux.

Une somme si considerable entre les mains d'un Etranger, qui n'a pas un pouce de terre ni aucun bien fond sur la domination de Sa Majesté, doit être certainement consideree comme un grand risque, si Votre Altesse ne daigne pas prendre des mesures promptes & efficaces.

Il est à observer que cette somme si considerable à été detournée malgré les soins que le Baron de Sotelet sçavoit que le Conseil se donnoit pour éclaircir sa conduite, & qu'il y reussissoit même autant qu'il êtoit possible, malgré les obscurités que ledit Baron repandoit sur toutes les affaires.

Il est aparent que sans cette vigilance du Conseil il auroit detourné le double ou le triple.

Ledit Baron sachant bien que les états qu'il avoit delivré au Grand Maître êtoient des Pieces qui ne pouvoient se soutenir, &

les comptes des 18. mois n'étoien pas dressez, & que les Rôles é toient encore dans les mains d Directeur: puisqu'il est de fa que les Comptes des douze mo étoient deja tous coulez, à l Chambre, & qu'en Decembr 1736. on se disposoit de force couler ceux des six derniers moi enforte que tout le contenu d cette Consulte n'est qu'une ca lomnie continuelle.

X L.

Ayant deja demontré qu' est faux, que ce pretendu Etran ger ait touché un seul Obol de deniers de Sa Majesté on ne fa aucune attention au ridicule d cet article.

X L I.

Et l'on se raporte à l'equita ble jugement du Public, tant su les pretendus soins mentionnez que sur les obscurités repandue Les Pieces precedentes ayan donné des éclaircissemens plusqu suffisants.

X L I I.

On se refere à la reponse fai sur l'article 23.

X L I I I.

On se refere ici à la Sentenc du Grand Conseil de Sa Maje sté & aux Pieces du compte d Receveur Rocquigni folio XVI qu'il étoit d'ailleurs notoire qu'il avoit touché tout le clair produit du Bureau de Bruxelles, au lieu de se contenter de la somme y affignée pour son gage, ceux des Officiers & les necessités du Bureau de Regie, tache de corriger cette erreur par une pretendue Balance, dans laquelle il s'est relaché de l'aveu d'avoir disposé en contravention à sa Commission de la somme de florins 25958 : 2 : sous pretexte d'avoir employé cette somme à empêcher la sortie des chevaux, ce qui est une excuse des plus frivole ; eu égard que la deffense de la sortie des chevaux a cessé à peu près dans le même tems que la Direction generale dud. Baron a été établie, outre que cela ne lui etoit pas permis sans permission expresse du Gouvernement, quand même la chose auroit été necessaire comme on l'a encore dit.

& XVIII. des preuves de même qu'à la reponse faite sur l'article 34.

Et l'on ajoutera que ceux des Finances sentant bien le peu de force de leurs allegués precedents se rejettent ici sur une autre defaite disant, qu'il n'etoit pas permis au Directeur de faire telle augmentation d'Employés sans une permission expresse du Gouvernement, quand bien même la chose auroit été necessaire.

C'est par des traits de cette nature qu'ils surprennent la Religion de la Serenissime Archiduchesse, il semble que le Directeur a tout fait de son autorité; ce qui est absolument faux; puisqu'avant d'executer la moindre chose il a toujours consulté le Ministre, & c'est dans la crainte qu'il ne l'avouë, ou qu'on puisse le prouver, qu'ils se servent du Mot de permission expresse, ce qui sans doute sera un ordre par écrit.

Mais posons le cas, où qu'on le nie ou qu'on l'avouë cet ordre verbal, de bien garnir la Frontiere de Luxembourg. Nous montrerons neanmoins qu'ils ont toujours tort; si le Conseil n'avoit pas sçu ou suposé que cet ordre existoit, on ne peut douter qu'il s'en seroit plaint & qu'il auroit taché d'y aporter le remede necessaire, si tant est qu'il eut cru que cette manœuvre étoit prejudiciable aux interêts de Sa Majesté & il l'auroit dû d'obligation & en acquit de sa fonction étant l'œconome des revenus ; car l'on ne croit pas, que l'on ose dire qu'il en avoit aucune connoissance ; puisqu'il reçoit chaque mois les états de Recette & Depense de chaque Bureau par les Contrôleurs établis de la part de Sa Majesté : ainsi on ne peut assurer qu'il le savoit, & que s'il ne l'a empêché dès le commencement, c'est parce qu'il le croioit necessaire & qu'il a suposé des ordres : mais ce Conseil insinuë presentement que cela ne suffit pas, il falloit une permiffion expreffe & fans doute par écrit. Or c'eft de quoi on ne peut blâmer le Directeur : l'on a dit ci-devant que ce Confeil avoit jugé cela neceffaire en 1734. puifqu'il y avoit fait envoyer des Troupes; en 1735. la même neceffité fub-fiftoit, la deffenfe n'étant pas levée. Cela donc fupofé & lorfqu'un premier Miniftre dit à un Directeur de veiller exactement à ce que les ordres de Sa Majefté pour cette deffenfe foient executés, & qu'il faut pour cela bien garnir la Frontiere par laquelle on peut y contrevenir. Le Directeur ne doit-il pas fe contenter d'un ordre pareil ? ne lui feroit-ce pas une imprudence outrée de demander à un premier Miniftre, qu'il mit par écrit ce qu'il dit fur un fait de cette nature. Il n'eft que deux occafions où cela fe doit ou fe peut faire, c'eft dans la fupofition que l'on auroit deja reconnu, que le Miniftre nioit ce qu'il avoit dit, à quoi certainement jamais le Directeur n'avoit penfé, ou lorfque la chofe qu'il ordonne eft oppofée au Service, ce qui n'eft abfolument point au cas prefent.

X L I I I I.

Et quoique l'aveu d'une contravention fi formelle fuffife pour en conclure que cette Direction generale eft très-prejudiciable à Sa	*On fe contente ici comme on l'a fait ci-devant de denier & l'aveu & la contravention.*

Majefté, au lieu de remplir les grandes vuës qu'on a eu en l'établiffant nous avons neanmoins trouvé convenable d'examiner quelqu'autres griefs portés à charge dudit Baron, avant que de refoudre cette Confulte, que nous faifons provifionelement; à caufe que nous n'aurons pas achevé de longtems l'examen de tous ces griefs par raport leur grand nombre & aux reponfes vagues qu'il a donné.

X L V.

Et parce que la Confulte qui en refultera demande après cela encore du tems, nous croions de notre devoir d'expofer à Votre Alteffe pour faciliter la refolution provifionele, qu'il nous femble qu'Elle devroit prendre ; qu'il nous eft aparu de ce que nous avons deja vû & examiné, que le Baron de Sotelet difpofe des Droits de Sa Majefté & de ceux des Officiers fans aucun égard	*Quant à la difpofition des Droits de Sa Majefté & des Officiers on s'en raporte à la reponfe de l'Article fuivant.*

pour

ur les Ordonnances , qu'il n'a
is aucune precaution pour em-
cher les fraudations qu'on peut
mmettre au moien de son grand
nsit par Malines sur Liege & *vi-
verso* , qu'il étend son transit
r tout , & à toute sorte de den-
de son autorité privée & au
ejudice des Droits de Sa Majes-
, qui diminuent , tandis qu'il
detourne une partie & que les
ix de regie sont si fort augmen-

porte aucun prejudice aux Droits de Sa Majesté
Que les Droits de Sa Majesté ne diminuent point.
Qu'on ne les a pas detourné, & que sauf les trente mil-
florins accordés au Directeur pour paier ses Créanciers , les-
els sont de toute autre nature que les fraix ordinaires , ceux
ne sont pas augmentez.

Nous disons que le Baron de So-
let dispose des Droits de Sa Majesté & de ses Officiers sans au-
ing égard pour les Ordonnances,
ffaire du quarrage de 9032. au-
de cotton appartenant à Wal-
er de Courtray & declaré seu-
ment à f 3070. fait par Core à
nvers , en est une preuve con-
incante.

Le Baron de Sotelet sçachant
e ces faits sont notoires , & que
Conseil en a la preuve à la main
tourne la question par les repon-
s & voudroit bien substituer à la
ace les Officiers du Bureau de
alines , comme si un Directeur
devoit pas veiller par lui-même
un transit aussi considerable &
our la plûpart des marchandises,

On s'en raporte encore à l'Or-
donnance que l'on a delivrée pour
le transit de Malines. folio. XIV.

De même qu'aux reponses fai-
tes aux 37. points. folio 22. & sui-
vants.

L'on denie que l'on ait étendu
le transit par tout.

Et si dans celui de Malines
on y a ajouté quelques denrées
l'on dit que ça été par ordre de
Son Excellence comme on l'a
prouvé ci-devant.

L'on soutient que le transit

XLVI.

L'on repete encore ici, que le
Directeur n'a pas disposé à son
profit d'un obol des deniers de Sa
Majesté , qu'il n'a disposé des
Droits que selon les Ordonnan-
ces , & permissions particulieres
qu'on lui a données. Que pour
le quarrage mentionné il s'en ra-
porte à ses reponses folio 15.

XLVII.

Si le Conseil a d'autres preu-
ves que celles qu'il a produites
dans les 37. articles, l'on ne peut y
repondre puisse que l'on ne les a
pas vues , mais on pense d'avoir
repondu très-categoriquement à
celles que l'on a exhibées.

Et il est impertinent à ceux
des Finances de parler ici de cet-
te pretendue substitution à sa pla-

Q

sujettes à des gros Droits pour Sa Majesté , pour les Provinces & les Villes , ainsi que le sont le Sel , les Eaux de vie , &c.

XLVIII.

Nous observons sur la reponse à cet article des griefs proposés par le Conseil , qu'il a allegué en vain qu'il auroit ordonné par ses permissions de transiter , qu'on ne mêlât pas des marchandises de transit avec d'autres , &c.

accordé à ceux de Malines & cueil des Pieces &c. folio XIV.

Nous dirons encore qu'il étend son transit en d'autres lieux , & à toutes sortes de denrées de son autorité privée & en fraude des Droits de Sa Majesté.

On n'a qu'à jetter les yeux sur ses permissions de transiter , pour voir que son transit par Malines est étendu à une infinité d'espèces , dont ses memoires & soumissions ne parlent pas , même à celles qui n'ont jamais transitées.

Nous avons vû aussi que les Sels transitoient par Bruxelles que le Baron De Sotelet a établi un Transit par Ipres à Lille & les Eaux de Vie & Tabac par Menin en Allemagne.

ce des Officiers de Malines.

Ces Officiers ne sont-ils pas obligés de repondre des faits qui incombent à leurs Offices ?

Le Directeur peut-il repondre pour eux ? le Conseil entend-t-il peut-être que le Directeur est tenu à se couper en deux pour aller faire le Garde dans le même tems à Saint Philippe & à Orsmael ? on le prie de s'expliquer davantage. Et au residu on s'en raporte à l'Ordonnance du Transit que l'on a que l'on trouve dans le Recueil des Pieces &c.

XLIX.

On denie simplement le contenu de cet Article , parce que l'on est bien assuré que l'on ne pourra en produire de preuves.

L.

On se refere à la reponse sur l'Article 45.

Et l'on sçauroit volontiers à quoy vient à propos le final de cet Article , puisque Son Altesse Serenissime a permis le Transit du Sel , qui n'avoit jamais transité.

LI.

Si les Sels ont transité par Bruxelles , ce n'a pas été ni de l'aveu , ni de l'ordre du Directeur , on denie que l'on ait établi un Transit par Ipres à Lille & l'on se raporte au Memoire fourni touchant celui de Menin. folio 157. de la seconde partie.

LII.

Sur lesquels deux derniers transits il est à observer que le Conseil
a demandé son avis sur celui d'I-
pres par lettres du 9. Septembre
1735. que sans y repondre il l'a ac-

*On s'en raporte à la repon-
se que l'on a faite sur l'Article 20. des 27. Points. folio 23.
& 24.*

cordé en Decembre suivant, comme il l'avoue lui-même, que le
Conseil a demandé derechef son avis par lettre du 5. Mars 1736.
que l'avis qu'il avoit donné le 10. dudit mois de Mars étant
trouvé insuffisant ledit Conseil lui a demandé quelques éclaircissemens ulterieurs auxquels il n'a pas repondu & qu'il dit presentement n'avoir pas reçu.

LIII.

Le transit du Tabac & Eaux de
vie par Menin en Allemagne est
accompagné de circonstances plus
aggravantes : il est non seulement

*On se refere au Memoire qui
est fourni sur cette matiere &
qui se trouve folio. 109.*

un moien pour verser des marchandises en fraude & au prejudice
de nos Commerçants dans les Pays bas : mais le Directeur General l'a permis & continue jusqu'a present, sous pretexte que le
nommé Delcour étoit en poursuite pour ce Transit & qu'il attendoit la depêche de cette permission de transiter, tandis qu'il n'y
jamais eû de poursuite faite & qu'au contraire le Conseil lui
demandé raison de ce Transit par lettres du 3. Juin 1736. auxquelles il n'a pas daigné repondre, & malgré cela ce Transit va
toûjours son train si avant qu'en moins de 15. mois on a expedié à Menin des depêches de ce Transit pour 81594. livres de Tabac & pour 1054. lots d'Eau de Vie dont il n'y a pas un sol de
Droits de païé, à moins que ce ne soit à la Direction Generale du
Baron de Sotelet où ledit Delcour doit s'adresser pour en être ordonné suivant lesdittes depêches : ce qui prouve que le Frere du
Directeur General, le Secretaire Dupaix & le Directeur General s'é-
mancipent de faire de leur autorité privée tout ce qu'ils veulent,
sans s'embarasser de l'autorité du Gouvernement.

LIV.

Le Contrôleur de Sa Majesté
udit Menin dit que l'on ne dé-
lare plus une livre de Tabac depuis l'etablissement de ce Transit,

*On se refere comme à l'Arti-
cle precedent.*

& que les Droits sur le Tabac
raportoient ci-devant florins 1900. par an, surquoi il est à observer, que depuis lesdits Droits sont haussez de 50. sols à florins 5.
u cent pesant.

L V.

Etant donc clair, que les deniers de Sa Majesté & le Commerce de ses Sujets est à la discretion du Baron de Sotelet qu'il a abusé de la confiance, & du pouvoir qui lui est donné, qu'il y a par tout de la perte, que ses reponses ne sont qu'illusions, qu'au lieu de faire augmenter les Droits de 300. mille florins par an & de donner un sixiéme moïen de 100. mille florins de raport annuel pour y trouver les fraix de sa Direction, ainsi qu'il l'avoit promis par sa soumission sur laquelle il a obtenu cette Direction generale, ils sont diminués pendant la premiere année de f 59023:1:10 nonobstant qu'il ait mis en usage ses cinq Memoires : qu'il a eu le droit de sortie des chevaux, des semences de Colzaet, & du Lin & differentes autres aisances; que les fraix de regie ont excedé ceux de l'année precedente de f 42278:12 : qu'il doit refondre environ 80. mille florins, comme nous l'avons dit ci dessus & qu'il n'a proposé ce sixiéme moïen qui n'est pas praticable; qu'après avoir été une année dans sa Direction.

Etant donc demontré tant pa[r] les Pieces precedentes, que pa[r] la critique de cette Consulte, qu[e] les deniers de Sa Majesté & l[e] Commerce de ses Sujets seroi[ent] mieux confiez au Directeur de[s] Droits, qu'à ceux des Finances.

Qu'il abuse moins qu'eux d[e] la confiance & du pouvoir qu['] on lui accorde.

Qu'il repond le plus categori[-]quement dans le tems que l'allegué de ceux des Finances, n'e[st] que faussetés & illusions.

Que s'il n'a pas fait valo[ir] les Droits, comme il l'avoit promit, ç'a été la faute de ceux des Finances & non du Directeur.

Que ç'a été la chétive vendange, qui a fait diminuer les Droit[s] malgré toute l'attention du Directeur.

Que l'on n'a pû mettre en execution les Memoires proposés tan[t] à cause de la guerre, que par l[a] contradiction que ceux des Finances y ont aportée, que si les fraix de regie ont été augmentés, ce n'[a] été que par une necessité indispensable.

Qu'il est abusive de dire que le Directeur doive refondre 80 mille florins. Qu'il est faux que l'on ait plus parlé de cette somm[e] ci dessus, ce qui ne peut provenir, que parce que le mensonge n[e] peut jamais se soutenir long tems : & qu'il a aussi produit à tem[s] le sixiéme Memoire dont il est question.

L V I.

Il nous semble après deliberation qu'ensuite de la clause que V. A. a eu la sage precaution d'inserer dans le premier article de sa

Il devra suivre necessairemen[t] que c'est contre justice, que l'o[n] conclu à faire cesser cette Direction.

Commissio[n

ommiffion , cette Direction ne
ut pas continuer davantage , ce-
ourquoi tout ce que deffus mu-
ment confideré & eû égard qu'il
paffera un tems confiderable , a-
int que tous les griefs foient exa-
inés & qu'il eft de plus à crain-
e que le Baron de Sotelet s'echa-
era lorfqu'il fe fentira preffé de
us près & que la reddition des
omptes de fa regie fera pouffée a-
ec la rigueur convenable & qu'en
chapant il emportera les 80. mil-
florins qu'il redoit à Sa Majefté.
Nous fommes de fentiment que
otre Alteffe Sereniffime a fuffi-
nment de la matiere pour decla-
r dez à prefent le Baron de Sote-
t dechû de fa Direction generale
pour s'affurer de fa perfonne fans
erdre de tems , afin d'être informé
fond de toute fa geftion pour au-
nt qu'il fera poffible , & de re-
ouvrer fur lui , tant les deniers
u'il a detourné , que la fatisfac-
on dûe , après que nous aurons
chevé l'examen des griefs portez
fa charge & que les comptes fe-
ont coulez.

*Que c'eft en impofer de la
maniere la plus impertinente que
d'avancer que le Directeur em-
porteroit une fomme de 80. mille
florins laquelle il n'a jamais reçue.*

*Et que ce feroit outrer toute
juftice que de fe conformer à
une pareille conclufion , qui
n'étant fondée que fur des prin-
cipes faux , controuvés & irre-
levants ne peuvent être fou-
tenus.*

*Et il faut en outre faire atten-
tion , que ce n'a donc pas été
par inadvertance & ignorance , par faute d'inftruction &
d'information , mais par la plus
noire malice & la plus con-
fommée , que ceux des Finances ont impofé à leur Souverain , à fon Peuple & à la
Sereniffime Archiducheffe , lorfqu'ils lui ont prefenté cette Confulte , & c'eft fur un pareil
violement du Droit des Gens ,
que l'on requiert juftice & fatisfaction.*

Nota Que cette Confulte eft ici telle qu'elle étoit en Janvier
737. & qu'il peut être arrivé que ceux des Finances aïant fçû
ue le Directeur en avoit eu connoiffance , peuvent depuis y
voir ajouté ou diminué.

ECUEIL DES PIECES QUI SERVENT DE PREUVES AUX ECRITURES PRECEDENTES.

ACTE DE DECHARGE POUR LE BARON DE SOTELET.

ON ALTESSE Sereniffime a pour & au Nom de SA MAJESTE' Imperiale & Catholique, par avis du Conseil de ses Domaines & Finances de-
ré & declare par cette, conformement à la Depesche Royalle de SADITTE
MAJESTE' du vingt cinquiéme de May dernier, d'avoir fait cesser dès à pre-
nt la Jointe ou Commission etablie pour examiner les Comptes des deux Ad-
odiations des Droits d'Entrée & de Sortie, entreprifes par le Baron DE So-
ELET, es années mille sept cens dixhuit, & mille sept cens trente deux, de
ême que ses pretentions à charge de SADITTE MAJESTE'; tenant de gra-
especiale en consideration des services par luy rendus & qu'il promet de ren-
e, pour clos & achevez les Comptes desdites deux Admodiations, à quel effet
ra tenu un silence perpetuel, afin qu'en aucun tems il ne soit inquieté en confi-
rations desdits Comptes ou sommes qu'ensuite d'iceux on pourroit trouver à sa
argé, dont SADITTE ALTESSE Sereniffime l'a deschargé comme Elle
it par cette au Nom de SADITTE MAJESTE', ordonnant tant aux dits
s Finances, qu'aux Président & Gens des Chambres des Comptes, & tous
tres qu'il appartiendra de se regler & conformer selon ce. Fait à Bruxelles le
ngt huit de Juin, mille sept cens trente cinq. Cr. Vt.

MARIE ELISABETH

Le Comte de Cuvelier,   J. A. Rubens.   P. de Strozzi.

ommission de Directeur General des Droits d'Entrée, Sortie &c. aux Pays-Bas, donnée par S. A. S. en faveur du Baron DE SOTELET.

ON ALTESSE Sereniffime aiant trouvé convenir pour le service de SA
MAJESTE' Imperiale & Catholique de commettre une pesonne d'experience
de capacité à la Direction Generale des Droits d'Entrée, Sortie & autres en
s Pays, a pour & au Nom de SADITTE MAJESTE' par avis du
onseil de ses Domaines & Finances nommé & commis, nomme & commet par

cette le Baron ADAM JOSEPH DE SOTELET, à la Direction Generale desdits Droits d'Entrée, Sortie, Tonlieux, transit & autres pour le terme de dix ans, à prendre cours le premier de Juillet de la presente année : bien entendu neanmoins que ledit terme n'aura lieu que pour autant qu'il s'aquitera de son devoir en bon & loyal Directeur : le tout sous les Conditions suivantes.

I.

Qu'il aura la libre & entiere disposition de tous les Emplois destinés à la perception & à la conservation desdits Droits, au même pied & pouvoir, dont il étoit revetu, lorsqu'il en a été l'Administrateur, & specialement qu'il pourra congedier, changer & suspendre de leurs Emplois tous lesdits Officiers, à la reserve qu'il sera obligé de rendre compte de tel changement soit au Conseil des Finannances, soit au Grand Maître, ou tout au moins à S. A. S. même.

I I.

Que tous les Officiers à commettre ou établir seront obligés avant de pouvoir prendre possession de leurs Emplois, de rembourser de leurs avances ceux qui les deservent presentement.

I I I.

Que conformement au soixante cinquième article de la Patente de regie de l'an 1732. le Directeur General ne pourra recevoir directement ni indirectement aucun denier, ni autre chose quelconque de ceux qu'il nommera aux Commissions de Collecteurs, Receveurs, Commis, Visitateurs, Gardes & autres Officiers, ni en choisir d'autres que d'integrité bonne conduite & bonne vie, & que lesdits Officiers ne pourront aussi donner ni promettre aucun denier, ni autre chose quelconque à qui que ce soit, directement ni indirectement pour se procurer lesdittes Commissions, à la reserve du remboursement des predites avances, lesquelles ne pourront être augmentées ni diminuées que par ordre de S. A. S. à peine de mille ecus d'amende, à charge de celui qui aura reçu, & de 500. florins à charge de celui qui aura donné, ou fera donner quelque chose, soit en argent comptant ou autrement, contre la teneur du present article, à partager entre SA MAJESTE' & le Denonciateur.

I V.

Que les Contrôleurs établis de la part de SA MAJESTE' dans les Bureaux principaux & autres s'aquiteront uniquement de la fonction propre de leur office, selon les instructions qui leurs seront envoiées, & ne s'ingereront dans aucune des fonctions qui doivent apartenir aux Receveurs & autres Officiers du Directeur General.

V.

Que le Directeur General aura le titre, rang & prerogative de Conseiller & Commis des Finances, avec droit de Sceance & voix à ce Conseil, quand il trouvera à popos de s'y trouver; mais qu'il se bornera provisionelement & jusqu'à autre ordre à prendre connoissance que des faits & difficultés qui pourront survenir touchant sa Direction : que ce Conseil est chargé dès à present pour alors d'en ordonner le raport sommaire autant qu'elles pourront le permettre : & qu'il ne pourra faire aucun changement ni nouvelle ordonnance à l'occasion des Droits compris sous cette Direction, à moins d'avoir prealablement entendu le Directeur General & ensuite en fait leur Consulte à S. A. S.

V I.

Que conformement à la Patente de regie de l'an 1732. article 53. le Conseiller Directeur General sera tenu de faire porter en recette la part competante à SA MAJESTE' dans les confiscations, amendes, & accords aux sens des Ordonnances, & libre de tout frais de procedure & autres, & que les Parties restantes seront chargées desdits frais, pour être distribuées comme il l'a été du tems des Admodiations des Droits, & selon les ordres du Conseiller Directeur General.

V I I.

Que sera dressé nouvelle instruction pour la conduite des Juges des differens departemens, tant pour qu'ils jugent sommairement & sans figure de Procès, que

ur fixer leurs honoraires, & que ledit Conseiller & Directeur General, comme
ssant pour la cause de **SA MAJESTE'** pourra non seulement assister aux
semblées & Jugemens à rendre par les Juges etablis dans les differens departe-
ns, mais aussi aux Assemblées & Jugemens des Chambres suprêmes, sur le
d que les Conseillers Fiscaux assistent de la part de **SA MAJESTE'** aux
urs superieures & de Justice.

VIII.

Qu'il pourra se prevaloir pour le plus grand profit de **SA MAJESTE'** de
tes les Ordonnances & Conditions qui ont été publiées & émanées à l'occasion
Droits d'Entrée, Sorties & autres, si avant qu'elles n'auront pas été revo-
ées.

IX.

Que le Conseiller Directeur General n'aura aucun maniment des deniers à pro-
ir desdits Droits, à la reserve de ceux qui seront reglés pour la depense : mais
il aura uniquement le Controle de l'entrée en Caisse à la recette generale des
ances, à quel effet le Conseiller Receveur General, qui sera de service, sera
u de remettre à sa requisition chaque mois une notice pertinente de ladite ren-
e en Caisse, afinque ledit Directeur General soit en état de tenir la main à
exacte paiement de ces revenus.

X.

Que la depense totale de cette Direction ne pourra outrepasser la somme de
ux cents quarante mille florins courant par année sans y comprendre les apoin-
es des Controleurs, qui seront etablis de la part de **SA MAJESTE'** & que
it Conseiller Directeur General sera tenu de verifier cette depense au bout de
que année par état qu'il fournira à la Chambre des Comptes.

XI.

Que les Receveurs principaux pourront retenir hors de leurs provenus tant les
ntemens des Controleurs etablis de la part de **SA MAJESTE'** que les leurs
pres & ceux de leurs Officiers subalternes selon les etats qui leurs seront deli-
s par le Directeur General.

XII.

Que le Conseiller Directeur General pourra recevoir du Receveur principal de
xelles & sous ses simples quittances, par chaque mois la douzieme partie tant
ce qui sera attribué à lui qu'aux Officiers de son Bureau general & fraix de son
ce, sçavoir de la somme de trente mille florins lui attribuée annuellement pour
ite direction, & celle de vingt cinq mille trois cens quatrevingt florins arbi-
e, *salvo justo*, être necessaire pour lesdits Officiaux & depenses ; lesquelles
mmes seront parties de celle de 240. mille florins, aussi bien que les interets d'a-
nce que le Conseil paîoit aux Officiers, les reparations ordinaires, entretiens &
vers des Bureaux & les necessités d'iceux.

XIII.

Sur quoi, comme de bien & duement s'aquiter de la Direction generale. Ledit
ron ADAM JOSEPH DE SOTELET sera tenu de prêter le Serment à ce dû
pertinent, es mains de ceux du Conseil des Finances, que S. A. S. commet
ce.

Si ordonne Saditte A. S. aux chef President & Gens des Privé & Grand Conseil,
s autres Conseils de Justice & Officiers de Police, au Tresorier General &
mmis des Domaines & Finances, President & Gens des Chambres des Comp-
de **SA MAJESTE'**, aux Conseillers Receveurs Generaux des Finances,
x Chambres suprêmes, Juges deleguez & à tous autres qu'il peut & pourroit
rtenir de se regler & conformer selon ce. Fait à Bruxelles le vingt neuf d'Aout
le sept cens trente cinq. Paraphé Rub. vt.

MARIE ELISABETH.

Et plus bas ont signé. J. A. Rubens. C. de Quickelbergh. J. de Witt.

S'enfuit l'Acte du Serment.

Le dixième Septembre mille sept cents trente cinq le Baron ADAM JOSEP DE SOTELET a prêté le Serment, dont il est chargé es mains de ceux du Co feil des Domaines & Finances de SA MAJESTE' Imperiale & Catholiqu Moy prefent figné P. de Francquen.

III. PIEC

Acte declaratoire donné par S. A. S. en faveur du B. D SOTELET, joints cinq Memoires.

COmme le Baron DE SOTELET par fa foumiffion pour la Direction General des Droits d'Entrée, Sortie & autres de SA MAJESTE' Imperiale & C tholique en ces Pays, a demandé d'être autorifé à mettre en execution le conte nu de cinq Memoires particuliers joints à fadite foumiffion, dont le premier co cerne le tranfit des Grains de France en Hollande. Le fecond, le tranfit de que ques marchandifes vers la Ville de Liege. Le troifiéme, les Droits d'Entrée fu le Sucre Candy, blanc & brun. Le quatriéme, les Droits fur les manufactures d laine que l'on fait venir de France. Et le cinquiéme, la fortie du Lin verd ou cr parmy le payement du double Droit, SON ALTESSE Sereniffime a pour au Nom de SA MAJESTE' par avis du Confeil de fes Domaines & Finances autorifé comme elle autorife par cette, le Directeur General Baron DE SO LET à pouvoit mettre provifionelement en execution le contenu defdits Memo res cy attachez en copies autentiques fous le cachet de SADITTE MAJESTE Mais quant à celuy concernant la fortie du Lin crû SADITTE ALTESS Sereniffime declare, que fon intention eft, qu'au lieu de changer le Tarif en do blant les Droits, la deffence de la fortie de cette efpece fubfifte, & que l'on fa fe configner les triples Droits, en tenant au profit de SA MAJESTE' ceu confignez par tous ceux qui ne raporteront pas des atteftations fuffifantes, qu ces Lins crus auroient été convertis en manufactures du Pays, ordonnant à tou Receveurs, Contrôleurs, Collecteurs, Commis, Vifitateurs & Gardes, & tous autres qu'il apartiendra de s'y comformer, & fe regler felon cé. Fait à Bruxe les le vingt neuviéme d'Août mille fept cens trente cinq. Paraphé Rub. vt.

MARIE ELISABETH.

J. A. Rubens.   C. de Quickelbergh.   J. de Witt.

Memoire concernant le tranfit des Grains, que l'on faifoit paf fer autrefois de l'Artois & Provinces voifines vers la Hol lande par le travers des Provinces des Pays-Bas.

LE tranfit des Grains venants de France pour la Hollande par le travers de Provinces des Pays Bas a été très commun & ufité jufque vers les années 172 & 1721. Les François ne connoiffoient aucune autre route, ou s'ils en connoi foient quelques unes, il eft de fait qu'ils ne les avoient point pratiquées.

Ce tranfit produifoit une année portant l'autre une fomme peu plus, peu moins de cent vingt mille florins par an.

E

Et l'on à conftanment jouï aux Pays Bas de ce révenu jufqu'à ce qu'il eft venu
[..]vie au Confeil des Finances , l'on ne fçait par quel motif , de faire quadru-
[..]er les Droits qui étoient impofez fur cette denrée.
Il eft inutile de rappeller dans ce Memoire que depuis cette rehauffe des Droits
[..]n a aneanti entierement ce revenu : La fatale experience de cette Ordonnance
[..]us l'a demontré à fuffiffance , puifque depuis lors il n'eft pas paffé un feul Bat-
[..]u avec du Grain , par le travers des Pays-Bas , & que les François fe font conf-
[..]ament fervi de la route de Dunkerck.
Mais l'on croit devoir reprefenter , que fi l'on retabliffoit les Droits dans l'état
[..]ecedent , l'on pourroit au moins efperer , que peu à peu l'on retabliroit cette
[..]ute & que l'on donneroit au moins l'envie aux Habitans François de s'en fervir
[..]ndant le tems de l'hyver , lorfque la Mer devient orageufe , tems cependant le
[..]us propre , auquel les Cenfiers fe defont de leurs denrées. Ce qui laiffe efperer,
[..]e l'on pourroit recuperer un revenu fi confiderable , lequel on peut dire , que
[..]n a facrifié par un caprice particulier , qui a été très prejudiciable au fervice du
[..]aftre.
Quoique l'on ne puiffe croire de retablir cette route qu'à la longue , l'on eft au
[..]oins affuré , que fi l'on remettoit les Droits fur l'ancien pied , les François qui
[..]nt les plus à portée de ces Provinces en profiteroient & y engageroient leurs voi-
[..]s infenfiblement. C'eft pourquoi le Gouvernement eft fupplié de vouloir concou-
[..]à donner cette aifance à la regie des Droits.

Accordè à l'Original

J. TASSELON.

II. MEMOIRE

Memoire touchant le Lin verd, ou crud dont la fortie eft de-
fendüe par les Placcarts.

[..]e Gouvernement à trouvé à propos à differentes reprifes d'interdire la fortie des
[..]Lins verds , ou crus en veuë de benificier les Inhabitans des Pays-Bas , & afin
[..]les employer à les ferrer , & filer , comme de conferver cette efpéce de manu-
[..]cture dans les mêmes Provinces , & il avoit efpeté qu'il pourroit par cette difpo-
[..]tion contraindre les Etrangers à fe fervir du Lin peigné en place de lin crud , &
[..]e de cette forte la traite du premier en deviendroit plus forte,
L'on a promulgué dans cette vûe des Ordonnances très feveres , l'on a deffendu de
[..] transporter le Lin verd qu'à trois lieues près de la Frontiere , & cela même a-
[..]ec des precautions qui font devenues plus à charge de l'Inhabitant que de l'Etran-
[..]r.
Mais , malgré que toutes ces Ordonnances pouvoient être très bonnes en el-
[..] mêmes l'on n'a pu en retirer l'avantage que l'on s'étoit propofé , parce que les
[..]rançois & les Hollandois ne pouvant s'accommoder du Lin preparé dans les Pro-
[..]inces du Pays-Bas , n'en ont fait qu'une traite très-mediocre , & pour cette raifon
[..]s Ouvriers nous font defertez,
C'eft pourquoi les Etats de la Province de Flandres ont êtez obligez de faire dif-
[..]rentes reprefentations afin que les Inhabitans euffent plus de facilité à debiter leurs
[..]rus
Malgré toutes leurs reprefentations on n'a cependant pas voulu permettre la
[..]rtie du Lin crud , & l'on s'eft avifé d'un expedient pire que le mal même.
L'on a fuppofé que l'Ordonnance qui prefcrivoit de n'aller à trois lieues près de

¶¶

la Frontiere ruinoit plufieurs Villages, ou font des manufactures de Toilles, & on leur a permis de tirer tout le Lin qui leur étoit neceffaire fous la precaution des Acquits à caution, & l'on a permis de même aux Inhabitans des environs de la Lys d'aller preparer leurs Lins, dans cette Riviere.

Ces pretendues precautions au lieu d'apporter du remede, ont donné l'occafion & la facilité aux François de tirer fans la moindre difficulté tout le Lin, dont ils ont eu befoin, fans même dorefnavant en payer aucun Droit, & les Hollandois d'une autre part s'en font prévalu par la facilité des Acquits à caution, que l'on donnoit aux Inhabitans, précautions fauffement prifes, & par lefquelles le Gouvernement a perdu plus de la moitié du Droit qui auroit été payé pour cette denrée. Comme l'on s'eft affuré, que c'eft contre le fentiment du Gourvernement que cette manœuvre a été introduite, que l'on a reconnu encore qu'il eft impoffible de remedier à ces abus, à moins que l'on ne prenne abfolument le contre-pied de la maxime que l'on fuit actuellement.

L'on propofe de permettre la fortie du Lin verd, & crud parmi le chargeant du double Droit avec defenfe rigoureufe de plus delivrer aucun Acquit à caution vers les Frontieres, à moins qu'il ne confte fuffiffament par Acte de Juftice en bonne forme de la quantité de Lin dont les Inhabitans auront befoin pour leur manufactures, & chargeant fous des amandes rigoureufes les Inhabitans des environs de la Lys, de repondre en leur propre & privé nom des Droits de tout les Lins qu'ils feront preparer dans cette Riviere, lefquels ils ne pourront reproduire.

Les ordinaires Droits de fortie fur le Lin, vers la France font de trente fols au Cent péfant.

Et les mêmes Droits vers la Hollande font au Cent pefant, les fuivants:

Sortie	-	f	: 18 :		
Tonlieu	-	f	: 9 :		
Laftgelt	-	f	: 1 :	4	
			f 1 :	8 :	4

Enforte qu'il revient à peu prés au même que celui vers la France.

Et que recevant un double Droit de Sortie, l'on payeroit f 3. au cent pefant du Lin crud.

Et comme l'on a l'experience qu'il en forte par chaque année au moins quatre millions de livres, ce changement importeroit à la regie des Droits par chaque année un nouvel avantage de plus de cent & vingt mille florins, fans que perfonne put avoir lieu d'y contredire, y aiant même des circonftances avantageufes, que les Etats Generaux n'aimeront pas mieux que l'on donne la facilité à leurs Inhabitans de fe procurer cette Denrée, & que les Etats de nos Provinces en feront d'autant plus ravis que chaque année ils en font des nouvelles follicitations.

Accorde à l'Original.

J. TASSELON.

III. MEMOIRE.

Memoire touchant le Sucre Candi blanc & brun, que l'on fait entrer d'Hollande dans les Pays-Bas.

IL convient de remarquer que pour la consommation des Pays-Bas Austrichiens il faut au moins chaque année vingt mille Caisse de Sucre Candi, lesquelles calculées l'une portant l'autre à cinquante livres de poid, donnent un million de livres de Sucre.

Que le cent livres de Sucre Candi brun paiant pour les Droits d'entrée f 8 : 10 pour le Convoi f : 8 & pour le Tonlieu f : 6 cette quantité d'un million de livres devroit importer pour les Droits, une somme de 92. mille par année.

Qu'il est cependant de fait qu'une année portant l'autre depuis six ans, on n'en a pas perçu vingt mille florins, parce que l'imposition sur ce Droit est trop excessive, & que les Particuliers trouvent mieux leur compte à les faire introduire en fraude.

Pour cette raison l'on propose de réduire ce Droit à la moitié, asseuré que l'on est, que pour lors ce Droit ne sera pas fraudé & qu'il produira au moins par chaque année une somme de cinquante mille florins.

L'on doit encore remarquer que l'on peut faire ce rabais sans aucun inconvenient ni de la part des Habitans d'Anvers qui font pareille Manufacture, ni de la part des Etats Généraux à la faveur des Traités de Munster & des Barrieres.

Puisqu'il est vrai que de la part des Manufacturiers d'Anvers ils ne sont pas en état de fournir la quantité néceffaire & bien s'en faut, puis qu'après meure Examé l'on a trouvé que ces Manufacturiers ne peuvent tout au plus fournir que sept cens Caisses de Sucre pendant le cours d'une année.

Ne faisant rien, ce que le Magistrat pourroit alleguer là-dessus, qu'il espere que cette Manufacture augmentera, puisque si ce raisonnement devoit subsister, cela auroit dû être effectué depuis très-long-tems, par la trop grande disproportion qu'il y a entre les Droits que payent les Manufacturiers d'Anvers d'avec celui que paye le Marchand, qui tire son Sucre Candi de l'Etranger.

Pour verifier cet allegué, il faut remarquer que pour faire cent livres de Sucre Candi l'on doit avoir 300. livres de Sucre brute, que des deux cents livres restantant, que l'on regarde comme le marc du Candi, le Manufacturier en a cent livres de Sucre en poudre, & que le reste tourne en Sirop.

D'ailleur le Manufacturier d'Anvers achete ce Sucre brute soit à Lisbonne, soit en France & cela au même prix que l'achete l'Hollandois.

Le même Marchand d'Anvers ne paie pour tout Droit desdits 300. livres de Sucre brute que trente sols, ce qui revient à dix sols au cent pesanr.

Ensorte que supposant, que ces trente sols de Droit tombent uniquement sur les cent livres de Sucre candi lesquelles outre de 300. livres de Sucre brute, quoique le Sucre en poudre & le Sirop pourroient en suporter une partie, l'on voit facilement la proportion du Droit de l'Etranger à celui du Manufacturier du Pays ; car elle est de florins 9. 4. à florins 1. 10.

Ensorte que quand bien même l'on diminueroit à la moitié le Droit de l'Etranger la disproportion qui resteroit de florins 4. 12. à florins 1. 16. seroit toûjours trop grande pour que le sujet y seroit interessé.

Et quand aux traités, les Etats Généraux ne pourroient & n'auroient aucun interêt à se plaindre, que l'on feroit cette diminution, puisqu'elle melioreroit leur hypoteque & que d'une autre part leurs Sujets ne vendroient ni plus ni moins de Sucre par raport à ce changement.

Lequel donneroit cependant par année une augmentation dans les Droits de plus de quarante mille florins.

Accorde à l'original.

J. TASSELON.

IV. MEMOIRE.

Memoire qui concerne un Transit que demandent quelques Marchands des Pays-Bas pour pouvoir faire passer vers la Ville de Liege certaines marchandises.

UNe Societé de Negocians d'Anvers, de Malines & de Liege requierent qu'on leur accorde le Transit sur les marchandises suivantes.

8000. Sacs de Sel	à 15. sols le sac	f 6000
4000. Aimers d'Eau de vie	à f 2 : 10 l'aime	f 10000
2000. Aimers de Genevre	à f 1 : 10	f 3000
2000. Aimers d'Huile d'Olive	à f 1 :	f 2000
400000. Livres de Rys à 8. sols le cent pesant.		f 1600
		f 22600

Sur cette proposition il est à remarquer, que les Liegeois tirent à present toutes ces Marchandises directement de la Hollande sans toucher aucune des Terres de Sa Majesté ensorte que c'est absolument une trouvaille que les Droits que l'on offre de payer.

Que toutes ces Marchandises doivent être conduites pour le plus court chemin de la Ville de Malines à celle de Liege par chariot.

Que ces mêmes chariots doivent prendre du retour dans la Ville de Liege afin de ne pas revenir à vuide, ce qui leur seroit trop frayeux.

Qu'en calculant le Sac de Sel à trois cent cinquante livres de poid les 8000.

sacs produiront,	liv. 2800000
4000. Aimers de Brandevin à 300 livres	1200000
2000. Aimers de Genevre	600000
2000. Aimers d'Huile	500000
Rys	400000
	liv. 5500000

Ce qui produira cinq millions cinq cens mille livres.

Que pour le retour les mêmes Marchands offrent de ramener de Liege pour la Hollande pareille quantité des marchandises en Fer, Platines & cloux, moiennant qu'on leur accorde un quart de dimiaution sur les Droits d'entrée de ces marchandises & que la sortie en soit libre.

Qu'un Chariot avec trois chevaux ne menera tout au plus que 6000. livres ensorte que pour charger cette marchandise pour l'allée l'on aura besoin de 910. Voitures & de pareil nombre pour le retour : ce qui independenment des Droits est très-considerable, tant pour la consommation qui se feroit dans ces Provinces avec un nombre si considerable de chevaux qui consommeroient l'Avoine, le Foin & la Paille, ce qui faciliteroit l'Agriculture, que pour le Peage des Barrieres qui seul se monteroient à plus de sept mille florins.

Ensorte

Enforte qu'indépendemment de ces avantages particuliers, qui ne viennent qu'indirectement au profit de Sa Majesté les Droits d'entrée seuls profiteroient au moins par ce Tranfit d'une somme de cinquante mille florins par an, ce que l'on croit suffisanment demontré par le raisonnement cy dessus deduit.

Et afin que l'on ne puisse faire accroire que l'Administrateur en auroit fait accroire sur cet article, l'on pense qu'il est Bon d'ajouter ici que ce fut le Marchand de Winter de la Ville d'Anvers qui en a fait la proposition, qu'il s'étoit associé *ad istum effectum* à certain Schepers de la même Ville, avec un autre des principaux Marchands de Malines & avec plusieurs de ceux de Liege.

Accorde à l'Original.

J. TASSELON.

***

V. MEMOIRE

Memoire touchant les Droits qui ont été imposés sur les manufactures de Laine que l'on fait venir de France, &c.

PEu de tems après que la Peste eut cessé de faire du ravage en France, le Gouvernement trouva à propos de permettre derechef l'entrée des Manufactures de ce Royaume vers ces Provinces du Pays-Bas & à cet effet fit emaner *l'Ordonnance que l'on rejoint à ce Memoire*, laquelle remettoit le tout à peu près dans le même état, où il avoit été avant la Peste, il n'y eut qu'és Articles deuxième & quatriéme auxquels on aporta du changement, & malgré toutes les représentations que fit l'Administrateur on y doubla les anciens Droits.

L'on n'a pû jusqu'à présent comprendre le motif de ce changement, au moins l'on n'a reconnu de motif ni raisonnable, ni suffisant : nonobstant ce, le changement a subsisté, & jusqu'à present au grand detriment des revenus du Roy & de la Regie.

Il est cependant de fait, que depuis ce changement l'on n'a pas payé la moitié du Droit que l'on payoit antérieurement, malgré que l'on ait introduit dans ces Provinces une plus grande quantité de ces Manufactures qu'autrefois, parce qu'étant très-facile à frauder à cause des enclavemens & du peu d'étendue de ces Provinces, l'on a procuré le moyen aux Assureurs & Fraudeurs de les transporter sans beaucoup de risque, & de gagner une partie des Droits, que les Marchands païoient autrefois aux Bureaux de Sa Majesté, comme l'on est cependant assuré que si l'on rétablissoit les anciens Droits, c'est-à-dire de n'en recevoir, que les simples aulieu du double, le revenu annuel sur ces Manufactures ne laisseroit pas de doubler, que cette rehausse pourroit aller chaque année jusqu'à *quarante mille florins* qu'il n'y a aucun Traité fait avec la France qui puisse gêner dans ce changement, & que même l'on a lieu d'espérer, que les François suivant le même pied & baissant leurs Droits réciproquement l'on donneroit plus de cours à nôtre Commerce, ce qui outre les Droits d'entrée ne laisse pas de revenir encore à l'avantage du Souverain & de ses Sujets, on espere & l'on requiere très-humblement que le Gouvernement veüille donner cette aisance à la Regie des Droits.

Accorde à l'original.

J. TASSELON.

LETTRE par forme d'Ordonnance du 8. Janvier 1723. réglant l'entrée des Draps & Etoffes venant de France à dix pour cent de leur valeur.

LEs Conseillers Directeur Général & Intendants provisionels des Domaines & Finances de Sa Majesté Imperiale & Catholique, très-chers & especiaux amis, comme l'on est informé que le mal contagieux qui a affligez quelques Provinces de France y a cessé absolument & que les formalités que l'on continue de faire observer dans ces Pays, sur l'Entrée & Transit des Manufactures de France jointes aux grands Droits dont elles sont chargées feroient qu'il s'en acquite très-peu, & que celles destinées pour le Transit prendroient d'autres routes & ayant consideré ce que vous nous avez representé sur la matiere, Nous vous faisons Cette par ordre exprès de son Excellence pour vous dire que les Manufactures & marchandises de France, pourront entrer librement par tous les Endroits comme avant les Placcarts & Réglement emanez au sujet de la contagion, & que par provision & jusqu'à autre ordre, les Droits d'Entrée & de Transit sur lesdites Manufactures devront être levés comme s'ensuit, sçavoir :

Sur les Etoffes, Galons, Rubans & Fabriques de soye d'or & d'argent fin & faux, le Droit d'entrée comme il est regié par le Tarif du 18. Juillet 1670. & qu'il a été reçu avant la deffence & lesdits Placcarts.

Sur les Draps Draperies & Etoffes de laines teintes & mêlées, dix pour cent de leur valeur graduée par la recopilation du 10. Avril 1716. jointe audit Tarif de 1670. sur lesdites Etoffes, blanches, les simples Droits statuez par ladite recopilation, sur les Habits, Nippes, Echarpes, Atours, bonnets, Ameublemens & autres Ouvrages faits de laine, filets, filoselle, simples ou garnis d'or & d'argent qui entreront pour la consomption de ses Pays aussi dix pour cent de leur valeur, à déclarer par les Propriétaires, Marchands, Facteurs, ou Voituriers, & que le Transit desdites Manufactures en Pieces, Nippes, Habillemens, Ameublemens & Ouvrages faits de soye, d'or, d'argent, de laine, & autres matieres, doit être permis comme avant ladite deffense, en payant deux & demi pour cent de leur valeur, suivant l'Ordonnance du 29. May 1700. en observant les soumissions & les précautions y prescrites, & sous les peines y portées vous ordonnant au nom de Sa Majesté Imperiale & Catholique de vous regler selon ce, & d'envoyer Copie de la présente à vos Employez afin de s'y conformer ponctuellement, à tant très-chers Sieurs & especiaux amis Dieu vous ait en sa Ste. garde. Bruxelles le 8. Janvier 1723. paraphé Fr. Vt. signé J. R. THISQUEN.

Accordé à l'Original

J. TASSELON.

LETRE en forme d'Ordonnance du 2. Octobre 1722. réglant l'Entrée des Draps & Etoffes venant de France à dix pour cent de leur valeur.

LEs Conseillers Directeur Général & Intendans provisionels des Domaines & Finances de Sa Majesté Imperiale& Catholique, très-chers Sieurs & especiaux amis, comme l'on est informé que le mal contagieux qui a regné dans la Province de Languedoc, & les Pays voisins diminue, & que par les Lignes que l'on a faites, & les bonnes précautions, prises en France l'on a empêché la communication dans les autres Provinces de ce Royaume, Nous vous faisons Cette, par ordre exprès de son Excellence pour vous encharger comme nous vous enchargeons par Cette, au nom & de la part de Sa Majesté Imperiale & Catholique de faire connoître par Lettres clauses à vos Officiers commis à la Recette & Gardes des Droits d'Entrée, Sortie, Convoy, Thonlieux & autres qu'ils pourront permettre par provision & jusqu'à autre ordre l'entrée des Manufactures de France venant de Paris & du Pays, & ce parmi des Certificats & Lettres de santé en forme deüe.

Sçavoir, des Etoffes; & Fabriques de soye d'or & d'argent faux en payant dix pour cent de leurs valeurs sur l'apprétiation de vingt florins la livre pésant.

Des Etoffes de soye, avec or & argent fin en payant aussi dix par cent de leur valeur sur l'appretiation de trente florins la livre pésant.

Des Draps & Etoffes de laine parmi dix pour cent suivant la valeur graduée par la recopilation du 10. Avril 1716. jointe au Tarif du 18. Juillet 1670.

Des Habits, Nippes, Echarpes, Atours, Bonnets, Ameublements, & autres Ouvrages faits de soye, de laine, de filet, filoselle simple garnis d'or & d'argent en payant quinze par cent de leur valeur.

Et qu'ils pourront aussi permettre le Transit par terre, par les Caneaux & Rivieres vers les Provinces unies, & l'Empire seulement desdites Etoffes & Fabriques de soye d'or & d'argent de laine & autres matieres des Habits, Atours, Ameublements & Ouvrages faits à mettre, en payant trois pour cent de leur valeur à charge de donner Caution pour le raport des Certificats de la sortie effective, & pour l'observance des précautions & soumissions statuées pour la seureté des Transit par l'Ordonnance du 29. May 1700. sous les peines y portées, & que les Cautionaires ne pourront être déchargés par la reproduction des Certificats de la sortie effective qu'à l'intervention & de l'aveu des Contrôleurs de Sa Majesté.

Et comme il ne convient pas encore de rien inover dans les Ports, & sur les Côtes de la Mer, vous aurez soin que les précautions statuées par le Placcart du 17. Octobre 1720. & les Regulatives posterieures y soient exactement observées, & donnerez les ordres requis à cette effet à vos Employez à tant très chers Sieurs & Especiaux amis, Dieu vous ait en sa sainte garde. De Bruxelles le deux Octobre 1722. Paraphé Fr. Signé Vt. J. R. THISQUEN.

Aux Conseillers Administrateurs des Droits de Sa Majesté.

Accorde à la Copie

J. TASSELON.

VI. MEMOIRE

Memoire qui peut servir a faire ordonner le renseignement de certains droits de depesches, &c.

I.

IL faut remarquer, qu'il a été defendu tant aux Officiers des Droits d'Entrée, qu'à ceux des Tonlieux, de recevoir aucune gratuité ou reconnoissance pour l'expedition des Acquits, que les Marchands & Voituriers levent dans les Bureaux, & que les Ordonnances en ont été inserées dans toutes les Conditions de regie & notanment dans celle de l'an 1732. Article troisiéme.

I I.

Que le Gouvernement des Pays-Bas avoit fait publier ces Ordonnances dans la veuë de soulager le Marchand, & afin qu'il ne seroit chargé d'aucun autre païement que de celui des Droits.

I I I.

Cependant ces Ordonnances n'ont jamais eté suivies, les Officiers des Droits ne s'y sont pas conformé, & ils ont eté attirés à cette contravention, par l'exemple des Officiers des Douanes voisines, soit des François, Hollandois, ou des Liegeois, qui tous par dessus les Droits ordinaires, perçoivent encore certain droit de depesche, lequel quoique modique, importe cependant une somme assez notable à la fin de chaque année.

I V.

Malgré que les Officiers des Droits aux Pays-Bas ne se sont pas conformés à ces Ordonnances; le Gouvernement s'est cependant toujours raproché d'icelles, & en a fait émaner d'autres plus rigoureuses, afinque les Officiers seroient obligez d'expedier le Public gratis.

V.

On ne s'est jamais avisé d'examiner pourquoi l'on permettoit la levée du droit de depesche dans les Bureaux étrangers: on s'est contenté de laisser aller cette affaire, comme on l'avoit trouvé établie.

V I.

Il est cependant de fait, que les Etrangers n'ont permis la levée de ce Droit de depeche, qu'après avoir employé toutes sortes de moyens pour empêcher leur Officier de l'exiger: & qu'ayant ensuite remarqué l'impossibilité de parvenir à cette veüe, ils l'ont enfin autorisé; mais en même tems ils ont prescrit, que ce même Droit de depeche seroit renseigné avec les autres revenus.

V I I.

Cette precaution leur a produit plusieurs bons effets, ils en ont eu plus d'ordre dans leur service, parceque l'on a eté obligé d'enregistrer même les Passavants, & ils y ont trouvé plus de seureté dans la levée de leurs revenus, puisque cette même precaution a empêché l'introduction frauduleuse des Marchandises étrangeres, enfin elle leur a procuré la rentrée d'une somme assez notable.

V I I I.

Pourquoi donc ne pouroit-on pas suivre aux Pays-Bas un exemple aussi facile, si avantageux & si utile? puisque les mêmes avantages y suivroient? par quelle fatalité est-il possible que l'on n'a jamais songé à ce redressement?

I X.

L'on y est même en quelque maniere plus autorisé qu'ailleurs, puisque la liste des Tonlieux prescrit, que l'on donnera deux liards pour l'expedition de chaque billet franc du Tonlieu, & comme il n'est pas exprimé dans la même liste, si ce Droit d'expedition doit venir au profit de S. M. ou de l'Officier, il ne sera question que de l'interprêter & de prescrire que le renseignement devra en être fait.

X.

Il n'est aussi rien de si facile que de faire renseigner les autres Droits d'expedition, que les Officiers perçoivent indûment, il en est plus d'une raison qui seront même adoptées du Public, & selon lesquelles on a minuté l'Ordonnance que l'on fait à ce sujet, & qui suivra ce Memoire.

X I.

Le service de Sa Majesté demande que l'on adopte cette disposition, tant par raport à la meilleure & plus assurée perception des Droits d'Entrée que par raport à l'augmentation qu'elle produira, puisque l'on croit devoir soutenir qu'elle fera au moins de cinquante mille florins par an, ce qui constituant au vingtieme un Capital d'un million de florins merite bien qu'on y fasse quelque attention.

Minutte

Minute de l'Ordonnance dont on fait mention dans le Mémoire precedent.

SON ALTESSE SERENISSIME ayant fait attention aux motifs, qui ont engagé differentes fois les Etats & les Magistrats des Villes de ces Provinces à lui porter leurs plaintes, sur ce que les Officiers des Droits d'Entrée & Tonlieux au-dessus de l'Import des Droits, exigeoient encore des Inhabitans certaine somme pour la depeche des Billets & Passavants, Et ayant eté informée, que malgré plusieurs Ordonnances comminatoires publiées sur cette matiere les mêmes Officiers ne laissoient pas d'y contrevenir. Elle s'est fait representer les Ordonnances emanées à ce sujet, & ayant examiné les motifs de cette constante desobeissance, SON ALTESSE Serenissime a reconnu, que l'article des Tonlieux, qui permet que l'on exige deux liards pour chaque Billet franc, y a donné lieu, & que les Officiers s'y sont crûs en outre autorisés par l'usage constant qu'ils ont vû être pratiqué dans tous les Bureaux etrangers : sur quoi s'étant aussi fait informer des raisons, qui ont engagé les Princes voisins à permettre une pareille levée & ayant reconnu que les Officiers desdits Bureaux etoient tenus de faire à leur principaux un renseignement exact & particulier de ce Droit de depeche. Ayant aussi vû, que l'article cité des Tonlieux n'explique pas que ce revenu ne doit pas être renseigné au profit de Sa Majesté & remarquant que puisque les Habitans de ces Provinces sont en coutume de faire ce payement, & s'assurant qu'ils le feront même plus volontiers, lorsqu'ils seront informés, qu'il rentrera au profit de leur Souverain, pour ces raisons Elle a trouvé bon au Nom & de la part de Sa Majesté d'ordonner ce qui suit, sçavoir.

Que lorsqu'il s'agira d'un Acquit pour l'entrée ou la sortie, dont les Droits ne se monteront qu'a deux florins ou moins, on payera pour Droit de depeche deux sols, que quand les Droits importeront plus de deux florins, l'on payera quatre sols de depeche.

Que lorsqu'il sera question d'un Acquit à caution pour la valeur de deux florins de Droits, l'on payera quatre sols pour la depeche, & dix sols quand ils surpasseront lesdits deux florins.

Que pour tous Passavants indirectement l'on payera deux sols pour la depeche.

Que l'on continuera à percevoir deux liards pour la depeche des Billets francs du Tonlieux.

Que l'on ne pourra se servir d'aucun Billet franc des Tonlieux, non plus que de Billets de payemens d'iceux pour aller à trois lieües prés de la Frontiere à moins d'être au pat-dessus munis soit d'un Acquit à caution, soit d'un Passavant.

Que les Officiers seront tenus au renseignement de ce Droit par Colones separées & comme ils renseignent les autres Droits de Sa Majesté.

Et qu'il leur est defendu d'exiger aucun autre Droit de depeche à peine de concussion & de correction arbitraire. [Tel est le sixieme Memoire que le Directeur avoit promis, & que ceux des Finances ont declaré en ton de Maître dans leur Consulte Article 55. qu'il n'etoit pas praticable.

Mais ont-ils pris la peine d'entendre le Directeur sur cette matiere ? ont-ils consulté là-dessus SON ALTESSE Serenissime & se croyent-ils autorisés à rejetter de cette maniere des moyens qui outre qu'ils sont très-praticables sont encore très-necessaires pour obvier à l'extorsion que font les Officiers?

Il faut que ces Messieurs trouvent meilleurs, les moyens illicites des Receveurs & Contrôleurs de Bruxelles qui pillent le Public dans la depeche des Acquits à caution, la conduite irreguliere du Contrôleur de Namur qui reçoit les Droits de Sa Majesté & se les approprie, du Contrôleur de Mons qui en fait de même, du Receveur de Charleroy, & de celui de Willebrouck qui fait payer aux Marchands le double de ce qui est dû de Droits pour s'en aproprier la moitié, il faut dis-je qu'ils le trouvent bon, puisqu'après les plaintes qui en ont eté faites & les preuves produites on les tolere encore.

V. Piece.

Expedition, que le Directeur a delivré pour le Transit particulier par Malines.

Pour l'allée de Liege en Hollande.

LEs soussignez Negotians, Bourgeois &c. profitans de la moderation des Droits, que le Gouvernement veut bien accorder pour attirer par ces Provinces un transit, qui n'a jamais eu lieu de Liege vers la Hollande des marchandises qui ont jusqu'à present pris la route directément par Breda & Boisleduc & sans emprunter les Terres de la domination de Sa Majesté, déclarent d'être convenu avec le Conseiller Directeur General à ce autorisé & de s'être obligés ainsi qu'ils s'obligent par cette de faire passer de Liege vers la Hollande les marchandises suivantes, parmi païant pour tous Droits ceux specifiez à chaque article suivant, sçavoir.

Sur toute sorte d'Armes indistinctement de la valeur de 100. fl.	f 1 :	:
Sur chaque cent livres pesant de Cloux de fer.	f	: 5 :
Au cent de Fer en barre, verges & fondu.	f	: 5 :
Au cent de Fer travaillé & Quinquaillerie de Fer.	f	: 8 :
Sur la valeur de cent florins d'Etoffe de Laine blanche & teinte.	f	: 16 :
Sur cent livres pesant de Calmine	f	: 4 :
Sur la valeur de cent florins d'Eau de Spa.	f 3 :	:
Sur chaque tonne de Biere de Liege.	f 1 :	:
Sur chaque cent livres pesant d'Houblons.	f	: 15 :

A condition bien expresse que les soussignez ne pourront sous quelle cause que ce puisse être, vendre ni debiter aucune desdittes marchandises ainsi declarées & acquitées par transit dans les Terres de Sa Majesté à peine de confiscation, relativement à l'Ordonnance du 29. May 1700. & à condition en outre que lesdits soussignez ne pourront charger sur aucune Voiture lesdittes marchandises de transit avec d'autres declarées pour en païer l'entrée, mais que pour éviter tout inconvenient chaque Voiture ne poura être chargée que des transts, dont on en voudroit païer l'entrée à peine comme dessus. Fait double à Bruxelles au Bureau de la Direction generale, le   Decembre 1736.

Et pour le retour d'Hollande à Liege.

Les Soufignez, &c. comme ci dessus, parmi païant pour tous Droits ceux specifiez à chaque article suivant, sçavoir.

Sur chaque sac de Sel.	f	: 15
Sur chaque aime de Brandevin.	f 2 :	
Sur chaque aime de Genevre,	f 1 :	5
Sur chaque cent livres de Sucre candi ou en pain.	f 2 :	10
Sur chaque cent livres de Sucre en poudre.	f	: 8
Sur chaque quartaux de sirop	f 1 :	10
Sur chaque aime d'huille d'olive	f 1 :	

Sur chaque tonne de tranen. - - -   f : 15
Sur chaque tonne de Mouruë. - - -   f : 12
Sur chaque tonne de Harans. - - -   f : 12
Sur chaque tonne de Harans forets. - -   f : 12
Sur chaque tonne de Saumon falé. - -   f 1 :
Sur chaque cent livres d'Etain en bloc. - -   f : 8
Sur chaque cent livres de poivre. - -   f : 10
Sur chaque cent livres de Stocwis. - -   f : 5
Sur chaque cuir fec ou falé. - - -   f : 2

A conditions, &c. comme à la précedente.

C'eft fur cette expedition, que ceux des Finances difent dans leur Confulte articles 45. & 48. que l'on n'a pris aucune precaution à l'égard de ce tranfit, &c.

L'on fçauroit volontier qu-elles autres precautions ils pouroient fuggerer, fans hagriner les Marchands, de maniere qu'on les contraigne à abandonner cette route.

Peut-être ont ils voulu infinuer dans cette Confulte ce que les Financiers de Witt & Papejans avoient deja dit d'avance aux Marchands de Malines, fçavoir que l'Empereur n'avoit pas befoin d'argent, ni de ce tranfit & que l'on pouvoit laiffer aller ces marchandifes par Breda & Boiffleduc à l'ordinaire. Le meilleur Republiain d'Hollande ne pouroit parler plus avantageufement pour favorifer fon Commerce aux depens de celui des Pays-Bas.

▲▲▲▲▲▲▲▲▲▲▲▲▲▲▲▲▲▲▲▲▲▲

VI. PIECE.

DEDUCTION DU PROCES QUE LE RECEVEUR

Rocquigni a fufcité au Directeur.

COMPTE COURANT ENRE LE DIRECTEUR

General des Droits au Pays-Bas.

ET

N. Rocquigny Receveur à Bruxelles.

Doit.	Avoir.
Le Receveur de Bruxelles Rocquigni doit pour les apointemens &c. du Directeur General, fçavoir pour les fix derniers mois de l'an 1735. - - f 27690	Le Receveur de Bruxelles a payé à compte des fommes ci contre, fçavoir. N°. 1°. 3. Juillet 1736. - f 35059 : 8 : 9
Pour les fix premiers mois de l'an 1736. - f 27690	N°. 2°. - f 17235 : 5 : 10
Pour les fix derniers mois de l'an 1736. - - f 27690	N°. 3°. 4. Août f 12264 : 8 : 10 N°. 4°. 28 7bre. f 9853 : 9 :
Pour les trois premiers mois de l'an 1737. - - f 13845	N°. 6°. 28. Janvier. 1737. - f 8667 : 17 : 6 N°. 11°. 9. Mars f 4846 : 18 : 8
Pour le tiers des confifcations competantes au Directeur. f 894	Doit Solde f 9881 : 11 : 5
f 97809	f. 97809 : 1

Le 20. Mars 1737.

Le Compte de ce Receveur de Bruxelles étoit dans cet état lorsqu'en Decembre 1736. il a eu la temerité de prefenter Requette en Finances , difant que le Directeur des Droits avoit reçu beaucoup plus qu'il ne devoit recevoir , & fous pretexte , & parce qu'il difoit de n'avoir pas le fol en Caiffe , il a refufé de païer tant le Directeur que fes Officiers , & pas content de cette premiere temerité, il eft venu enfuite ataquer le Directeur au Confeil de Malines dans le mois de Decembre 1737. où dans le Compte qu'il a reproduit , il a inferé les pretendus païemens fuivants , par deffus ceux , qui font deja tirez au Compte precedent , fçavoir.

N°. 5. Païment fait à la Brigade à cheval.   f 1292 :   5 :   3

7. ⎫
8. ⎬ Deux païemens faits à Malines   f 1400 :   :

9. Païement fait à Triponette   -   f 1311 : 10 :
10. Autre païement à la Brigade   -   f 1050 :   :
12. Païement fait aux Braffeurs.   -   f 1400 :   :
13. A l'Officier Dupaix   -   f 100 :   :
14. Pretenduë reftitution de quarage   f 73 : 10 :
15. Païement au Sieur Oorts.   -   f 1000 :   :
16. Aux Greffiers des Finances.   -   f 900 :   :
17. Au Sieur Vandenberg.   -   f 500 :   :
18. Fraix de procedure.   -   f 536 : 17 ;
19. Païement à la Brigade.   -   f 1245 ; 10 ;
20. Affignation fur Hiequet.   -   f 440 ;   ;
21. Fraix de papiers.   -   f 19 ; 19 ;
22. Fraix extraordinaires , &c.

Quoique le Directeur General auroit pû foutenir avec juftice l'irregularité & le raïement de tous & chacun de ces païemens, parce qu'ils étoient pofterieurs au 20. Mars 1737. terme auquel le Directeur avoit defendu à ce Receveur d'en plus faire aucun, depuis qu'il refufoit de païer les Officiers , ce qui devoit aller devant tour, il a cependant eftimé qu'il devoit diminuer les difficultez , & il a accepté d'alotter fans prejudice les païemens fuivants , fçavoir.

Les païemens comptis fous.
Les N°. 7. ⎫
8. ⎬   -   f 1400 ;
9.   -   f 1311 ; 10.
12.   -   f 1400 ;
15.   -   f 1000 ;
17.   -   f 500 ;
18. partie. f 496 ; 17
20.   -   f 440 ;

—————————————

f 6548 ; 7

Et le Directeur General a foutenu le Raïement de tous les autres Païemens que ce Receveur avoit porté à fon predit Compte, fçavoir.

N°. 5 A la Brigade.   f 1292 ; 5 ; 3
10. D.   -   f 1050 ;   ;
13. A Dupaix.   f 100 ;   ;
14. Quarage.   -   f 73 ; 10 ;
16. Aux Greffiers.   f 900 ;   ;
19. A la Brigade.   f 1245 ; 10 ;
21. Fraix.   -   f 19 ; 19 ;
22. &c,

Et

Et sur ces debats, il est suivi la Sentence du Grand Conseil de Sa Majesté, laquelle on reproduira ici après en date du 15. Janvier 1738. selon laquelle le Directeur General doit valider & passer les parties suivantes, sçavoir.

Dans le N°. 10. A Michel.   f 200 ;
       N°. 13. A Dupaix   -   f 100 ;
Dans le N°. 19. A Michel.   -   f 100 ;
                                 ____
                                 f 400 :

Suit la Sentence du Grand Conseil de S A M A J E S T E,
sur la matiere.

VEU les debâts tenus en avis du Commis aux Verbaux du 16. & 17. Decembre 1737. & par lui raportés à la Cour, entre Jacques Philippe de Rocquigni Receveur des Droits de Sa Majesté au Bureau principal de Bruxelles rendant compte d'une part : Messire *Adam Joseph Baron de Sotelet*, contredisant d'autre.

La Cour vuidant les debâts, ordonne au rendant de produire les Billets ou Contre-lettres, qu'il pouroit avoir donné à N. Keyser ou ses aiants cause au sujet de la somme de six mille huit cents florins qui fait partie de celle tirée article troisieme des mises du compte dont s'agit & ce sous dûe expurgation de serment de ne s'en être defait directement ni indirectement au prejudice du Contredisant, comme aussi de detailler sous la même expurgation le tems précis, auquel il a payé laditte somme, en argent comptant en tout ou en partie.

Déclare que la somme tirée article cinq, sera rayée, à l'egard de l'article dix passera la somme de deux cens florins payée au Contrôleur Michel, & que sera rayé le surplus de la somme tirée audit article, passera aussi la somme tirée article treize.

Et avant de disposer sur l'article quatorze, ordonne au Rendant de verifier, qu'il auroit eté chargé à la Chambre des Comptes de la somme y tirée, & que la distribution d'icelle auroit eté faite par ordre du Frere du Contredisant, comment & à qui cette distribution a eté faite, partie entiere en ses preuves contraires, & en ses contredits.

Disposant sur l'article seize declare que la somme y tirée sera rayée.

Comme aussi celle de quarante florins comprise en la somme tirée article dix-huit.

Touchant l'article dix-neuf declare que passera la somme de cent florins payée audit Contrôleur Michel, & que sera rayée le surplus de la somme tirée audit article.

ჶჶჶჶჶ

Sera pareillement rayée la somme tirée article vingt-deuxieme & finale des mises dudit compte.

Ordonne aux Parties de proceder sur ce pied au coulement d'iceluy, condamne le rendant en cinq neuviemes des dépens desdits debâts, compense trois neuviemes, reserve le neuvieme restant.

Prononcé extraordinairement le 15. Janvier 1738.

Le 24. Janvier 1738. à deux heures de relevée, le Conseiller de SOTTEAU, Commissaire en cette Cause, avec le Greffier DE ROBIANO, ont passé à la cloture de ce Compte, comme il va suivre.

Le debet est établi à la somme de - f 97809 ; 1 ; 6

N°.			
1.	f 35059	8	9
2.	f 17235	5	10
3.	f 12264	8	10
4.	f 9853	9	
5.	f		
6.	f 8667	17	6
7.	f 700		
8.	f 700		
9.	f 1311	10	
10.	f 200		
11.	f 4846	18	
12.	f 1400		
13.	f 100		
14.	f 49	12	
15.	f 1000		
16.	f		
17.	f 500		
18.	f 496	17	
19.	f 100		
20.	f 440		
21.	f		
22.	f		

Le Receveur de Bruxelles Rocquigni doit au Conseller Directeur General - - - - - - f 94925 : 8 : 3

f 2883 - 13 : 3

f 97809 : 1 6

Le Receveur de Bruxelles Rocquigni point content de s'être vû debouté des ridicules pretensions contenues au Compte, qu'il avoit produit, comme on l'a vû par la Sentence du Grand Conseil de Sa Majesté, & par une suite de sa premiere temerité a fourni un Memoire particuliere, à l'effet de prouver, que le Directeur General auroit toujours été en avance du païement de ses apointemens; quoi que cette difcuſſion ne regardât en rien cet innocent de Receveur ; on s'aperçû d'abord, que c'étoit un vain & dernier effort, que ceux des Finances lui faiſoient faire, afin qu'ils pouroient verifier, ce qu'ils ont avancé dans leur Conſulte Article 27. & ſuivants, & l'on y a répondu par un court Memoire. duquel on raportera le precis, ſçavoir.

I.

Que par le compte courant de ce Receveur il conſte, que pour l'année revolue en Juin 1736. il compétoit tant au Directeur, qu'à ſon office la ſomme de florins 55380. ſur laquelle il n'avoit reçu *in tempore* que celle de florins 52294. enſorte qu'il avoit moins reçu qu'il ne devoit florins 3086.

I I.

Qu'en ajoûtant à ce moins reçu ſur cette année revolue ce qui luy competoit pour les ſix mois ſuivants, ſçavoir, florins 27690. il lui competoit florins 30776, ſur laquelle il avoit reçu en trois païemens la ſomme de florins 30784.

I I I.

Et que s'il étoit veritable, [que non] que le Directeur auroit anticipé ces païemens, que c'auroit été la ſeule & unique faute du Receveur & non du Directeur, puiſque les neuf dixiémes de tous ces païemens ont été faits par le premier ſur aſſignation aux Creanciers.

VII. PIECE.

LETTRE d'aſſurance que S. A. S. a expedié en faveur des Officiers qui ont fait des avances.

COmme N. Pirotton a été content d'avancer au ſervice de Sa Majeſté Imperiale & Catholique pour l'obtention de l'Etat de Commis à la Recette des Droits d'Entrée & Sortie à Malines, Subalterne à Bruxelles par forme de Prêt une ſomme de deux mille florins par-deſſus le païement de cent trente florins pour Tauxe d'Office à fond perdu, en cas que par mort promotion ou autrement il vint à être privé dudit Employ, mais qu'en cas d'admodiation pendant les cinq premieres années à venir, il ne perdroit qu'autant de cinquiémes deſdits cent trente florins qu'il aura joüi d'années de ſon dit Poſte. SON ALTESSE Sereniſſime ayant ce ſervive pour agreable, & voulant pourvoir à l'aſſurance & indemnité dudit Commis Pirotton, a pour & au Nom de Sa Majeſté par avis du Conſeil de ſes Domaines & Finances déclaré comme Elle declare par Cette, que ladite ſomme de deux mille florins lui ſervira de Caution, & qu'il ne poura pas être depoſſedé de ſon Employ qu'après l'entier rembourſement de ſon avance ſuſdite, ſi bien que s'il ſurvenoit une Admodiation deſdits Droits, l'Admodiateur ne pourra le deplacer ſans rembourſement de toute l'avance, & s'il vouloit [l'Admodiation ſurvenante] quitter de lui-même, & que ledit Admodiateur refuſa de le rembourſer, led. N. Pirotton ſera le maître de reſter dans ſa Recette & de ſe rembourſer par lui-même, en y employant tout le Produit, qui paſſera les fraix de Regie, parmi continuation exacte des Etats manſuels, afin qu'il puiſſe conſter à l'Admodiateur de la ſomme que chaque mois aura été employée à cet effet, lequel Produit SON ALTESSE Sereniſſime affecte comme Elle fait par Cette pour le ſuſdit rembourſement effectif de la ſuſdite ſomme de deux mille florins, Ordonnant à tous ceux qu'il appartiendra de ſe regler & conformer ſelon ce. Fait à Bruxelles le 9. Fevrier 1734 étoit paraphé *Hou. Vt.* & ſigné *MARIE ELISABETH*, plus bas encore ſigné *Le Comte Deffonſeca, J. A. Rubens &* *P. de Steſſi.*

Acte d'aſſurance pour N. Pirotton Commis à la Recette à Malines ſubalterne à Bruxelles.

Deduction d'un Fait qui concerne la sortie d'une petite partie d'Aveine vers le Pays de Liege en Novembre 1735.

LE fait le plus considerable, & le grief pretendüement le plus criminel, que l'on ait avancé à la charge du Directeur des Droits, est celui que l'on va detailler, la seule narration suffira pour faire voir, combien peu est fondée cette accusation, & de combien peu de poid devront donc être tous ces grands faits, que l'on a produit contre sa conduite. En voici la deduction.

Pendant la derniere Campagne que l'on a faite sur la Moselle, les François avoient occupé toute la droite de cette Riviere, & le Corps d'Armée de Sa Majesté Imperiale & Catholique, que commandoit le Comte de Seckendorft, ne pût la franchir. On fut obligé en Novembre 1735. de repartir les quartiers d'hyver à ce Corps d'Armée tant dans la Province de Luxembourg que dans le Pays de Liege, qui se trouvoit le plus voisin, & l'on dût envoyer une partie de la Cavalerie prendre ses Quartiers dans l'Entre Sambre & Meuse Liegeoise.

L'on fit à cet effet les requisitions convenables à Son Altesse l'Evêque & Prince de Liege, lequel se conforma aux intentions de Sa Majesté Imperiale & Catholique & qui pour mettre ses Inhabitans plus en état de fournir les Rations necessaires à ces Troupes, Ordonna à son Ministre résident à Bruxelles d'y solliciter une permission, afin que les Sujets de Liege pouroient tirer du Hainaut Imperial les Aveines, Foins & Pailles dont ils auroient besoin, sans payer aucun des Droits de Sa Majesté Imperiale & Catholique.

SON ALTESSE Sereniffime comme cela est de styl, envoia la Requisition à l'avis de ceux des Finances, lesquels étant aussi en coutûme de traîner leurs depêches dilaierent à expedier l'ordre que l'on requeroit.

Le Resident de Liege en poursuivoit d'autant plus vivement l'expedition, que ces Troupes devoient arriver dès le vingt Novembre, & comme il y avoit du peril dans le retardement il s'adressa au Directeur des Droits pour sçavoir, si en attendant la signature de SON ALTESSE Sereniffime lui Directeur ne voudroit pas expedier un ordre provisionel; le Directeur s'excusa de ce faire, & lui conseilla de redoubler ses instances.

Pendant cet interval l'Entrepreneur des Vivres, que le Prince de Liege avoit établi pour fournir à ces Troupes, s'adressa au Controleur des Droits à Mons pour le requerir de lui permettre la sortie de sept à huit Lasts d'Aveine, qu'il avoit dans le Hainaut Imperial, parmy payant les Droits ordinaires, malgré que c'étoit pour la livrer aux Troupes Imperiales.

Ce Controleur qui n'ignoroit pas, que la sortie de l'Aveine pendant la Guerre est censée grosse Contrebande & qu'il n'est pas permis de la laisser sortir à moins d'un Passeport du Gouvernement, envoya la lettre originale de cet Enttepreneur au Directeur des Droits pour lui demander ses ordres.*

Celui-ci qui étoit informé, que Son Altesse Sereniffime étoit déja consultée favorablement sur la matiere, ensorte qu'il ne tenoit plus, qu'à l'expedition du Passeport requis, attendu que la sortie de cette Aveine ne pouvoit regarder l'Ennemi, & qu'il y avoit même du peril considerable dans le retardement, prit à profit l'offre, que cet Entrepreneur faisoit au Controleur de Mons. & il lui fit une réponse conforme à la demande, §. laquelle arriva à Mons le vingt-quatre Novembre 1735. à midy.

Le

* Voyez N°, 2°.   § Voyez N°. 3°.

Le lendemain le Paſſeport neceſſaire fut expedié & ſigné par S. A. S. & le même jour 24. Novembre avant midi les Finances en avertirent le Directeur par leur Miſſive du même jour : & l'on remit le Paſſeport au Reſident de Liege. *

Tel eſt le fait qui regarde la preſente conteſtation, de laquelle il n'auroit pû être queſtion de relever aucune des circonſtances, ſi dans les papiers du Contrôleur de Mons, on n'avoit pas trouvé la lettre, que le Directeur lui avoit écrite à ce ſujet, puiſque cet ordre n'a eu aucun effet.

Ce fait qui eſt deduit ſincerement, conſtitue l'un des principaux griefs, que l'on avance à la charge du Directeur, on lui a fait là deſſus pluſieurs articles d'interogatoires ſimples, & tels que l'on pût en tirer telle conſequence que l'on s'étoit ſans doute propoſé d'avance : ſur la premiere demande il a repondu, qu'il ne ſe ſouvenoit d'avoir donné aucune permiſſion pour la ſortie de quelque Aveine, & que ſi cela étoit arrivé, ce devoit avoir eté en vertu de Paſſeport du Gouvernement.

Aprés avoir parlé ſur cet article dans les differents interogatoires, le Conſeiller Fiſcal a trouvé convenir d'exhiber au Directeur une copie de la lettre qu'il avoit ecrite au Contrôleur de Mons le 23. Novembre 1735. demandant s'il la reconnoiſſoit. Le Directeur a dit, qu'elle pouvoit être de lui, mais qu'il ne lui en revenoit aucune des circonſtances, & que cela ne lui devoit paroſtre étonnant, attendu la multiplicité d'affaites, que l'on doit traiter ſucceſſivement dans une pareille Direction.

Le Directeur écrivit dez le même jour à ſon Frere à Liege, afin qu'il chercheroit dans ſes papiers à l'eclaircir ſur cet article : peu de jour aprés il en reçut une reponſe qui expliquoit toute la matiere, il en fit dabord part au Seigneur Conſeiller Fiſcal, & il le requit, puiſqu'il avoit en ſon pouvoir toutes les lettres, que l'on avoit ſaiſi à ſon Bureau à Bruxelles, qu'il ordonna la recherche de la lettre de l'Entrepreneur des Vivres, auſſi bien que celle du Contrôleur de Mons, à laquelle celle du Directeur avoit ſervi de reponſe, afinque ces pieces ſerviroient d'explication & de preuves à ſes alleguez.

La recherche en a eté faite ; l'on a trouvé les deux lettres telles, qu'on les avoit deſignées, & l'on a crû dez lors, qu'il ne ſeroit plus queſtion de cette difficulté mais l'on s'eſt trompé, car l'on a inſinué enſuite que cet Aveine pouvoit avoir eté livrée aux François contre le diſpoſitif des Ordonnances, & l'on a reſſenti, que c'eſt un des principaux points, ſur lequel on a inſiſté, & qui a occaſioné que la generalité de cette cauſe a eté admiſe à preuves.

Il conſte cependant tant des Regiſtres du Bureau d'Erquelines, que de la declaration du Receveur du même endroit, que le Sieur Werion en faveur, du quel a eté l'ordre, dont il eſt queſtion ; n'a fait ſortir aucune Aveine vers la France. §

Que l'on n'a fait aucun uſage de cet ordre du Directeur, ni fait païer aucun Droit pour l'Aveine que l'on a tirée du Hainaut s'étant prevalu de la permiſſion de SON ALTESSE Sereniſſime, que cet Aveine a eté veritablement employée au ſervice des Troupes Imperiales de Garniſon à Thuin & eſt paſſée ſous Paſſavant delivré par le Receveur d'Erquelines. ✠

De quoi donc peut-on charger le Directeur, puiſqu'il conſte qu'il s'eſt conformé à l'eſprit de la loix, & que ce n'a eté que le peril du retardement qui lui a fait anticiper la permiſſion que le Gouvernement a donnée dans le même tems, & qui eſt parvenuë ſur les lieux avant la lettre du Directeur.

* Voyez N°. 4. § Voyez N°. 8. & 9. ✠ Voyez N°s. 5, 6. & 7.

§§§§§

PREUVES DE LA DEDUCTION PRECEDENTE.

N°. 1.

Copie de lettre que N. Werion Entrepreneur des Vivres à Thuin, a ecrite au Contrôleur des Droits à Mons le 21. Novembre 1735.

MONSIEUR ET COUSIN.

AYant entrepris le livrement du fourage aux Troupes de l'Empereur, qui vont nous arriver en quartier d'hyver, & l'Entrepreneur de Charleroy aiant acheté tout ce qu'il a trouvé de Foin & Aveine dans nos environs du Pays de Liege, je vous aurai obligation, si vous voulez bien m'envoier par le Messager une lettre par laquelle vous ordonnerez à Mr. Hédier de me laisser sortir en paiant les Droits sept à huit lasts d'Aveine, que j'ai acheté à Merbes depuis plus de trois ans, & la chose étant fort pressante, que ce soit s'il vous plaît par cet ordinaire.

N°. 2.

Copie de lettre, que N. Natalis, Contrôleur des Droits à Mons a ecrite au Directeur à Bruxelles le 22. Novembre 1735.

MONSIEUR,

UN de mes amis de Thuin aiant entrepris la livrance du fourage pour les Troupes de Sa Majesté Imperiale & Catholique qui doivent y être en quartier d'hyver, souhaiteroit de pouvoir faire sortir sept à huit laste d'Aveine, qu'il a à Merbes en payant les Droits de sortie, je prend la liberté de vous prier de vouloir bien me faire connoître, si je puis le lui permettre, vous suppliant de faire attention, que c'est pour les Troupes de Sa Majesté, qui en ont besoin, comme vous verrez par la lettre ci jointe, esperant que vous me voudrez bien donner vos ordres là dessus, &c.

N°. 3.

Reponse que le Directeur des Droits envoia au Contrôleur Natalis à Mons, le 23. Novembre 1735.

MONSIEUR,

EN reponse à la votre en date du 22. de ce mois, vous avez ci jointe celle que j'ecris au Receveur d'Erquelines de laisser sortir les sept à huit laste d'Aveine en question en paiant les Droits. Je vous remets en même tems l'Ordonnance pour l'entrée des grains de France parmi paiant les simples Droits statuez par le Tarif de l'an 1670. &c.

NB. Que cette Lettre est partie par la poste sur Mons le 23. Novembre 1735. le soir, qu'elle n'est arrivée à Mons, que le 24. vers midy, & que tout au plus la Lettre pour Erquelines ne peut y avoir eté rendûe que le 25. Novembre ainsi après l'expedition de l'ordre de SON ALTESSE Serenissime.

N°. 4.

Lettre missive du Conseil des Finances envoyée au Directeur des Droits le 24. Novembre 1735. avant midi.

MONSIEUR LE BARON.

SON Alteſſe Sereniſſime aiant ordonné par ſon Decret de ce jourd'hui, que les Grains, Aveines, Pailles & Foins deſtinez pour les Troupes de Sa Majeſté, qui ſont en quartier d'hyver au Pays de Liege, paſſent librement & exemt de tous Droits, moiennant que les Conducteurs deſdites Denrées ſoient munis des Paſſeports de l'Evêque & Prince de Liege, par leſquels il conſte, que ce qui ſera ainſi tranſporté, eſt veritablement pour la livraiſon deſdittes Troupes. Nous vous faiſons cette pour vous en avertir, vous requerant & neanmoins au Nom & de la part de Sa Majeſté, ordonnant de vous regler à l'advenant. Monſieur le Baron, Dieu vous ait en ſa ſainte garde. De Bruxelles au Conſeil des Domaines & Finances de l'Empereur & Roy le 24. de Novembre 1735. Paraphé Cr. vt. Vos bien affectionez les Treſorier General Conſeillers & Commis deſdites Finances.

Signé *DE LADOS.*

N°. 5.

Declaration des Sieurs Pierre Werion & Pierre François Rowez Entrepreneurs des Vivres pour les Troupes de S. M. I. & C. á Thuin.

„ L An mil ſept cens trente-huit du mois de Janvier le vingt-hutième jour par-
„ devant moi Notaire ſouſigné admis, immatriculé &c. & en preſence des Te-
„ moins en bas nommés comparurent les Sieurs Pierre Werion & Pierre Fran-
„ çois Rowez ſurçeans de la Ville de Thuin, Entrepreneurs des Fourages pour
„ le Regiment de Mr. le Comte de Katoly au ſervice de Sa Majeſté Impe-
„ riale, lorſque le vingt-cinq de Novembre de l'an dix-ſept cens trente-cinq il
„ arriva en cette Ville en quartier d'hiver, leſquels nous ont declaré & affirmé
„ de n'avoir point payé les Droits de ſortie pour le peu d'Avoine & de Paille
„ qu'ils ont tiré des Terres de ſadite Majeſté pour partie de cette Fourniture,
„ mais que Meſſieurs les Receveurs des Bureaux de Labuſſiere & d'Erquelines
„ perſuadez par bons Certificats, que leſdits Werion & Rowez avoient fait cette
„ entrepriſe, leurs ont donné gratis des Paſſavants pour la ſortie de ces denrées
„ & cela pour ſe conformer à l'Ordonnance de SON ALTESSE Sereniſſime
„ l'Archiducheſſe Gouvernante des Pays-Bas, & pour être telle la verité du fait
„ ils ont promis de le reiterer *toties quoties*, là, où & par-devant qui il apartien-
„ dra. Ainſi fait & paſſé audit Thuin dans la reſidence de moy ledit Notaire y
„ preſens comme Temoins à çe ſpecialement requis & appellez les Sieurs An-
„ toine Denken & Jacques de Bavais à moy connus, l'Original & ſigné deſdits
„ Comparants deſdits Temoins & de moy qui certifie Cette y concorde ſigné
„ P. BAVAY. &c.

N°. 6.

Declaration du Magiſtrat de Thuin du 29. Janvier 1736.

„ NOus les Mayeurs & Echevins de la Ville de Thuin, Pays & Diocéſe
„ de Liege, certifions & atteſtons, que les Sieurs Pierre Werion & Pier-

„ re François R o wez ont eté Reprenneurs de la livraison des Rations pour u-
„ ne partie du Regiment de Mr. le Comte de Karoly au service de Sa Maje-
„ sté Imperiale arrivée en cette Ville pour Quartier d'hyver le 25. Novembre
„ 1735. & que les Pailles & Aveines, que lesdits Sieurs Werion & Rowez ont
„ tiré des Terres de sadite Majesté, ont toutes eté employées dans cette li-
„ vraison, en corroboration de quoi Avons ordonné à nôtre Greffier de sousi-
„ gner la Presente & la munir de notre Seel ordinaire dont Nous usons en tels
‚ cas, donné en notre Chambre Scabinale ce 29. Janvier 1738. par Ordon-
„ nance de la Cour.

Signé LERON.

L. (✚) S.

N°. 7.

Reponse & Declaration du Sr. Werion de Thuin Entrepreneur des Aveines & Fourages pour les Troupes de Sa Majesté Imperiale & Catholique du 17. Fevrier 1738.

L'An mille sept cent trente-huit du mois de Fevrier le dix-septiéme jour par-devant moi Notaire soufigné, admis, immatriculé &c. & approuvé par Son Altesse Evêque & Prince de Liege en son Conseil privé, resident en la Ville de Thin audit Pays de Liege entre Sambre & Meuse & en presence des Temoins en bas nommez, comparut le Sr. Pierre Werion Marchand & Echevin de ladite Ville de Thuin, lequel a declaré, que lui ayant eté presenté six Articles de la part de Mr. le Baron DE SOTELET, afin de sur iceux donner sa declaration de verité & telle que de sa science parfaite, qui sont tels qui s'ensuit.

1°. S'il reconnoit d'avoir ecrit le 21. Novembre 1735. la Lettre ci-jointe au Sr. Natalis à Mons à l'effet de la sortie de l'Aveine.

2°. Si le Sr. Natalis lui a envoyé en reponse la Lettre que le Directeur lui avoit fait passer à l'adresse du Receveur d'Erquelines.

3°. Ce que cette Lettre est devenue, si le Sr. Werion l'a produit au Rece-veur dudit Erquelines, ou s'il la produite à quelque autre Receveur.

4°. Si ensuite le Sr. Werion a fait passer au Pays de Liege l'Aveine dont il est question, s'il en a payé les Droits, à qui, combien, & en quel tems.

5°. Si le Sr. Werion a fait passer quelques Aveines par le Bureau d'Erque-lines pour sortir vers la France.

6°. Si le Sr. Werion n'a pas eté munis d'une permission donnée par la Sere-nissime Archiduchesse à la requisition du Prince de Liege pour la libre sortie de l'Aveine & Fourage &c. datée du 22. 23. ou 24. Novembre 1735. & lui en demander Copie.

Au premier Article. Ledit comparant dit de se bien resouvenir d'avoit écrit au Sieur Natalis lors Contrôleur au Bureau de Mons vers le 20. ou 21. de Novembre 1735. sans pouvoir dire precisement le jour de la date, s'en referant à sa lettre, à l'effet de pouvoir faire passer quelque lasts d'Aveine à Thuin pour la subsistance d'une partie du Regiment de Monsieur le Comte de Karoly au service de Sa Ma-jesté Imperiale & Catholique qui y alloit arriver en quartier d'hyver, la livraison de laquelle il avoit entrepris avec le Sieur Rowez par devant le Magistrat de la Vil-le de Thuin.

Au second. Dit d'avoir eu reponce de Mr. Natalis dans laquelle il a trouvé une
autre

utre Lettre pour le Sr. Dentinnes pour lors Receveur au Village d'Erquelines, à
ui il a fait rendre, & laquelle il a retenu au moïens de laquelle ledit. Sr. Dantinnes
laissé passer pour Thuin quelques Chariots d'Aveine sans payer aucun Droit. *

Au troisiéme. Dit s'en être expliqué sur l'Article precedent & qu'il ne sçait au-
ement.

Au quatriéme. Dit de n'avoir fait sortir des Terres de Sa Majesté Imperiale &
atholique une seule mesure d'Aveine que pour la subsistance du Regiment de Mr.
Comte de Karoly en cette ditte Ville de Thuin, comme l'a verifié la Cour &
ustice de Thuin par un Certificat qu'elle en a donné passé peu de jours avec la Dé-
aration & celle du Sr. Rowez faite par devant moy, en qualité de Notaire, par
quelle on peut voir qu'ils étoient les Entrepreneurs de cette livraison, Sur le resi-
u dudit Article declare derechef n'avoir jamais payé aucun Droit de Sortie à qui
ue ce soit.

Au cinquiéme Dit, affirme & proteste de n'avoir fait passer aucune Aveine des
erres de Sa Majesté Imperiale & Catholique pour la France, ni par le Bureau
Erquelines ni par aucun autre de Saditte Majesté.

Au sixiéme Dit de n'avoir eté muni d'une permission particuliere par la Sereniffi-
ne Archiduchesse pour la libre Sortie d'Aveine & Fourage, mais qu'il supposoit
ne permission generale accordée à la requisition du Prince de Liege donnée pour
es endroits de son Pays, où il y avoit des Troupes de Sa Majesté Imperiale en quar-
ier & qu'il supposoit de même être inserée dans la Lettre luy adressee de la part du
r. Natalis pour le Sr. Dantinnes Receveur pour lors audit Bureau d'Erquelines,
ui se seroit bien gardé de laisser sortir ces denrées sans payer les Droits de sortie,
il n'avoit eu quelque ordre de se conformer à laditte permission, & pour cela être
a sincere verité, & tout ce qu'il y a ci-dessus declaré il l'a là même affirmé par ser-
nent qu'il a prêté solemnelement ès mains de moy ledit Notaire & promis le reite-
er de même là, où & par devant qu'il apartiendra toutes & quantes fois il en sera
equis, ainsi fait, dit & declaré audit Thuin dans la maison dudit Sr. Werion en
reschée de Sr. Hubert Houldoux & Pierre Thibaut Bourgeois y residents declarant
ar moy ledit Notaire qu'il n'y a en cette Ville aucun Notaire qui ait Commission
our les Pays-Bas Austrichiens, l'Original de Cette est signé dudit Comparant,
esdits Témoins & de moy ledit Notaire qui certifie Cette cy concorder.

Signé P. de BAVAY.

NOus les Mayeurs & Echevins de la Ville de Thuin Pays de Liège certifions
& attestons à tous ceux qu'il apartiendra que P. de Bavay qui a soussigné l'A-
té repris au blanc de Cette est Notaire immatriculé du Pays de Liege & qu'à tous
Acts par lui ainsi signez on ajoûte pleine foy & entiere croyance tant en jugement
que dehors, en foy de quoy Avons ordonné à nôtre Greffier sermenté de sousigner
a presente & de la munir de nôtre Seel ordinaire dont nous usons en tels & sem-
lables cas, donné en notre Chambre Scabinale le 18. Fevrier 1738.

Signé LERON Greffier.

[✠]

* Que la Lettre ici en Question ne peut être l'Ordre particulier du Directeur pour païer les Droits
nais une Copie de la permission de SON ALTESSE Sereniffime.

N°. 8.

*Declaration du Sr. Hodier Receveur des Droits de Sa Ma-
jeſté Imperiale & Catholique au Bureau de Labuſſiere du 1[8]
Fevrier 1738.*

LE ſouſigné Receveur des Droits d'Entrée & Sortie à Labuſſiere étant requis d[e]
Mr. le Baron DE SOTELET de repondre aux Articles ſuivants, ſçavoi[r]

1°. S'il a eu connoiſſance de la Lettre que le Directeur des Droits a écrite [le]
23. Novembre 1735. à l'adreſſe du Receveur d'Erquelines pour laiſſer ſortir ſept [&]
huit Laſts d'Aveine vers Thuin en payant les Droits de Sortie.

2°. Si cette Lettre au lieu d'être produite au Receveur d'Erquelines, n'a pa[s]
été produite à lui-même.

3°. Si en conſequence de cette Lettre il a laiſſé ſortir l'Aveine de Queſtion [&]
vers où ? pour compte de qui ? & ſi on a payé les Droits de Sortie ? à quoi l[a]
ſomme en a monté ? quel mois, quel jour ?

Déclare qu'il n'a eu aucune connoiſſance de ladite Lettre conſequemment qu'ell[e]
ne lui a été produite, qui eſt la reponſe qu'il peut donner au premier & ſecond A[r]-
ticle, & pour ſatisfaire au troiſiéme, qu'il n'eſt nullement de ſon ſouvenir d'avo[ir]
delivré des Acquits pour la ſortie des Aveines deſtinées pour la ſubſiſtance de[s]
Troupes de Sa Majeſté Imperiale & Catholique pour lors en Quartier d'hyver a[u]
Pays de Liege, en foy de quoi j'ai ſigné Cette à Labuſſiere le 18. Fevrier 173[8]

Signé J. HODIER.

N°. 9.

*Declaration du Sr. Dantinnes preſentement Receveur des Droi[ts]
de Sa Majeſté Imperiale & Catholique au Bureau d[e]
Froidchapelle, autrefois à Erquelines.*

LE ſouſigné Receveur des Droits d'Entrée & Sortie de Sa Majeſté Imperia[-]
le & Catholique à Froidchapelle étant requis de Mr. le Baron DE SO[-]
TELET de repondre aux Articles ſuivants, ſçavoir.

1°. Si la Lettre que le Directeur a écrite le 23. Novembre 1735. à ſon adreſ[-]
ſe pour laiſſer ſortir de l'Aveine vers Thuin lui eſt parvenue.

2°. Si cette Aveine eſt ſortie effectivement ſur Thuin, ſi on en a pay[é]
les Droits, en quel tems, par qui, & pour compte de qui?

3°. Si cette Aveine au lieu d'aller à Thuin, n'eſt pas allée en France?

Declare qu'étant Receveur à Erquelines depuis quelques années, notammen[t]
l'an 1735. il reçût une Lettre du Directeur Baron DE SOTELET dattée
vers le milieu du mois de Novembre ou environ de laiſſer paſſer de l'Aveine
vers Thuin pour la conſomption des Troupes de Sa Majeſté Imperiale en
quartier d'hyver dans cet endroit en payant les Droits declare auſſi d'avoir re[-]
mis cette Lettre en Original dans le mois paſſé au Sr. Martinetti Contrôleu[r]
de Sa Majeſté au Comptoir de Mons avec l'ordre de SON ALTESSE Se[-]
reniſſime de laiſſer paſſer des Aveines ſans payer aucun Droit.

Au deuxième article. Dit comme au premier , d'avoir laissé passer pour Thuin , quelques chariots d'Aveine sans païer les Droits pour compte du Sieur Werion , Entrepreneur pour la livraison des rations pour la consomption des Troupes de Sa Majesté Impériale qui venoient en quartier d'hyver à Thuin.

Déclare *au troisième article.* n'avoir jamais eu connoissance que ladite Aveine eut passé pour aucun autre endroit que pour Thuin.

En foi dequoi j'ai signé ladite Declaration en presence d'homme de Fiefs à ce requis à ce sujet , le 20. Février 1738.

Est signé M. DANTINNES.

N. J. DROPSY.

JEAN BLAMART.

IX. PIECE.

Preuve contre l'Article 55. de la Consulte touchant les 80. mille florins , &c.

POur decouvrir si le Directeur des Droits à diverti à son profit , & s'il a emporté une somme de quatre vingt mille florins apartenante à Sa Majesté , comme le porte l'article cinquante cinquiéme de la Consulte des Finances il ne faut qu'examiner les points suivants.

I°. Si dans les trois Comptes , qu'on a coulé à la Chambre pour les dix huit mois , l'on aura reproduit d'autres quittances du Directeur des Droits , que celles , qu'il a delivrées au Receveur de Bruxelles.

II°. Si les Receveurs principaux comptables ont produit des quittances suffisantes , Pour verifier les gages des Officiers, Le païement , qu'ils ont fait des interêts des avances & des frais extraordinaires de leurs Bureaux.

III°. Et ce que le Directeur a reçu du Receveur de Bruxelles sur l'entremise duquel il étoit assigné , tant pour ses apointemens , que pour son Office.

Ces trois points renferment toute la matiere.

Si étoit veritable , que le Directeur eut reçu quelque somme apartenante à Sa Majesté , soit par l'un ou l'autre des Receveurs ; il est impossible , que ces derniers n'en auroient pas produit les quittances , & requis la Chambre , qu'elles leurs fussent allouées : & comme ils ne l'ont pas fait , c'est un signe evident , que le Directeur n'en a rien touché : L'on defie au surplus que l'on puisse produire des preuves d'un pareil allegué. Si l'accusateur croit d'en avoir , qu'il les produise , il doit les avoir à la main & dans l'instant , puisque tous ces Comptes sont coulez , & parce qu'il ne les a pas produit , c'est qu'il n'en a point trouvé.

On dira sur le second point , qu'étant notoire , qu'en fait de depense l'on n'admet à la Chambre aucune somme , à moins qu'elle ne soit autorisée par des ordres suffisants & dues quittances. L'on doit croire , que dans le cas present on ne se sera pas écarté de la route ordinaire , ni accordé plus de facilité , que dans tous les autres Comptes ; & l'on doit même supposer avec quelque vraisemblance , que le soin de ceux des Finances , y aura fait aporter plus de precaution, peut-être même de la chicane mal placée, tant au coulement defdi Comptes, qu'à la critique des quittances, y fervant. Enforte que l'on pe croire, que l'on aura pris tout l'apaifement néceffaire fur cet article, & qi delà il reftera prouvé, que toutes les fommes portées à ces comptes auroi effectivement été emploiées pour les fins & effets repris dans les quittances & non au profit & pour les veûes particulieres du Directeur.

Enfin pour fatisfaire au troifiéme point, l'on ne peut que s'en raporter a decompte du Receveur de Bruxelles; puifqu'il a été fuffifanment verifié par Sentence du Grand Confeil de Sa Majefté & le coulement enfuivis.

Cette Deduction preliminaire bien épluchée, fera voir, que le Directeur n reçu aucun argent, que du Receveur de Bruxelles. Que celui-ci ne lui a pa même païé la fomme entiere qui lui competoit, puifqu'il confte de la Senten ce mentionnée, qu'il lui eft encore redevable : & que par confequent il n'a p emporter, ni le tout ni aucune partie *des quatre vingt mille florins* cités à l ditte Confulte.

Si ceux des Finances euffent avancé dans leur Confulte, que le Directeu avoit emploïé dans les fraix de fa Direction une plus forte fomme, que celle qu'o lui avoit affignée, ils auroient parlé plus jufte : mais comme ils n'ignoroient pa dès lors, que le Directeur n'avoit profité d'aucune partie de ectte excrécence, cè aveu n'auroit pas convenu aux veûes, qu'ils s'étoit propofé de faire ceffer l Direction des Droits. Il falloit attaquer le Directeur perfonnellement, & avance quelque chofe de plus éblouiffant, afin de furprendre la Religion de la Sereniffim Archiducheffe, & c'eft pour cette raifon, que l'on a dit hardiment, que le D recteur avoit diverti à fon profit & emporté une fomme de *quatre vingt mille florin* On laiffe à reflechir aux Miniftres du Très-Augufte Empereur à combien d'acc dens ne feront pas expofés, les plus fages & les plus juftes Princes. Quel rifquen couréront pas le Commerce & l'Interêt de leurs Sujets ? Quels fonds ils pouron faire fur les Etats, qu'on leur produira de leur revenus & de leur depenfes ? la paffion, l'ignorance & l'intrigue fe mêlent jufqu'à ce point dans la difcuffio d'une affaire, qui ne touche qu'un particulier ? Et fi l'on n'aporte un promt efficace remede pour borner la licencé, que l'on fe donne de calomnier auffi effron tement. Et l'on doit dans cette rencontre admirer la Providence, puifque malgr tous les foins, qu'on s'eft donné pour dérober cette confulte à la connoiffance d Public, on l'a neanmoins découvert dès le premier moment de fon exiftance, afi que le Souverain reconnoiffant le peu de bonne foi, qui y regne, puiffe fe garde à la fuite de ceux qui ont furpris fa religion. Mais s'il refte prouvé, que le Dire cteur des Droits n'a pas emporté une fomme de *quatre-vingt mille florins* non plus qu'aucune partie d'icelle : il convient encore de démontrer mathematiquement qu'i n'a pas plus diverti à fon profit la moindre fomme hors celle, qu'il a dû emploie dans les fraix de fa Direction par-deffus celle qui lui étoit affignée.

Pour verifier ce point l'on reproduit ici les trois comptes des fraix des Bureaux principaux tels, qu'ils ont été coulez à la Chambre fub N°. 1. 2. 3.

L'on reproduit encore fub N°. 4. un aperçu, de ce que le Directeur a dû em ploier pour les fraix de fon Office; afin que de cette partie, jointe avec les pré cedentes, on puiffe établir la totalité de la dépenfe : & de cette fomme l'on ne peut faire qu'un aperçu, parce que l'on n'a point les quittances à la main ; mais l'on ne peut d'avance affurer, que s'il s'y rencontre quelque difference, elle ne fera, que de peu de confequence, & c'eft dequoi on ne fera ici aucun ufage que *pro memoria*.

De la recapitulation des quatre Pieces ici produites, il fe trouve, que la fomme emploiée pour les fraix a été de fl. 402117. qu'ainfi pour les 18. mois, elle a furpaffé la fomme accordée de fl. 42117.

Mais comme il confte que cette fomme excedente a été entierement emploiée en gage d'un plus grand nombre d'Officiers, que le Directeur a dû emploier. Comme les quittances, que l'on a produites à la Chambre en font pleine foi. Il reftera

donc

donc encore prouvé que le Directeur n'y a pas profité d'un obole, & que c'est très-inconsiderément que l'on avance qu'il a emporté 80. mille florins.

Le Directeur a fait voir tant par les réponses, qu'il a faites, que par differentes autres Pieces, qu'il a produites, qu'il a été contraint par une necessité indispensable de faire cette excrécence de dépense.

Il a fait voir, qu'elle n'étoit pas ignorée de ceux des Finances, puisqu'ils avoient reçu chaque mois par leurs Contrôleurs les bordereaux de la dépense de chaque département.

Il a insinué, que cette excrécence ne sera pas à chargé au Gouvernement, parce que par son économie il la retrouvera & au-delà sur les années suivantes.

Et il a assez fait voir par sa conduite précedente, que son zele pour le bon service de S. M. ne lui auroit pas permis de faire cette dépense en faveur d'un tiers, si elle n'avoit été absolument necessaire.

Quel crime donc peut-on lui imputer dans cette rencontre, & si son zele ne lui a pas fait reflechir, qu'il eut convenu d'en avoir des ordres en bonne forme, que peut-on de plus, que lui en faire une legere reprimende.

N°. I.

Dépence ordinaire des Bureaux des Droits d'Entrée, Sortie &c. de Sa Majesté Imperiale & Catholique au Pays-Bas telle qu'elle a été passée à la Chambre des Comptes pour les six derniers mois de l'an 1735.

	Gages ordinaires des Officiers.			Interêt de leurs avances,			Fraix extraordinaires.		
Bruxelles	f 9282	9	3	f 240			f 576	13	
Anvers	5353	16	6	300			688	18	
St. Philippe	540								
Turnhout	4349	15	8	200			236	8	
Tirlemont	3315	2	8	100			263	19	6
Roermonde	2790	13	7	40			118	16	8
Navagne	6568	10	1				163	15	1
Namur	6563	14	1	160			240	8	6
Charleroy	2632	6	6	90			122	2	
Beaumont	2583	6	8	40			80	16	8
Mons	7356		1	140			262	19	
Tournay	4710	4	5	80			248	8	8
Courtray	4141			75			310	11	6
Ipres	6279		2	150			281	19	
Nieuport	935			40			112	7	
Ostende	2253	6	8				379	6	
Bruges	5885	12		100			391	17	
Gand	6865			40			191		
Luxembourg	14502	7	4	185			668	19	
	96898	5	8	1980			5339	4	7
							1980		
							96898	5	8
							f 104217	10	3

N°. 2.

Pareille depenſe pour les ſix premiers mois de l'an 1736.

	Gages ordinaires des Officiers.			Interêt de leurs avances.			Fraix extraordinaires.		
Bruxelles	f 10236	:	;	f 240	;		f 309	;	:
Anvers	, 5578	; 7 ;	1	, 300	;		, 487	; 9 ;	6
St. Philippe	, 540	:							
Turnhout	, 4350	:	:	, 200	;		, 239	: 3 :	
Tirlemont	, 3600	:	:	, 100	:		, 366	: 3 ;	6
Roermonde	, 2822	:	:	, 40	:		, 150	: 12 :	4
Navagne	, 6916	:	:	, 192	;		, 68	: 18 :	9
Namur	, 7171	: 13 :.	3	, 200	:		, 261	: 1 :	3
Charleroy	, 3100	:		, 60	:		, 119	: 4 :	
Beaumont	, 3200	:	:	, 40	:		, 97	:	:
Mons	, 7556	: 10 :		, 140	:		, 251	: 13 :	6
Tournay	, 4600	:	:	, 80	:		, 272	: 8 :	
Courtray	, 4410	:	:	, 75	:		, 402	: 14 :	
Ipres	, 6440	:	:	, 130	:		, 168	: 7 :	
Nieuport	, 980	:	:	, 40	:		, 75	: 2 :	3
Oftende	, 2280	:	:				,	:	:
Bruges	, 6127	: 5 :	6	,	:		, 541	; 2 ;	9
Gand	, 7601	; 5 ;		, 160	;		, 185	; 19 ;	6
Luxembourg	, 15748	; 2 ;	8	, 225	;		, 341	; 10 ;	3
	, 103257	; 3 ;	6	, 2222	;		, 4437	; 9 ;	7
							, 2222	;	;
							, 103257	; 3 ;	6
							f 109916	; 13 ;	1

N°. 3.

Pareille dépense pour les six derniers mois de l'an 1736.

	Gages ordinaires des Officiers.			Interêt de leurs avances.	Fraix extraordinaires.		
Bruxelles	f 10869	15	3	f. 240	f 493	5	
Anvers	, 5423	7	3	, 300	467		
t. Philippe	, 540						
Turnhout	, 4028	6	6	, 200	238	11	
Tirlemont	, 3763	6	8	, 100	305	1	
Roermonde	, 2720	8		, 40	121	6	8
Navagne	, 6509	6	9	, 192	68	18	
Namur	, 6160	19		, 200	315	19	
Charleroy	, 2540			, 60	140	18	
Beaumont	, 2722	10		, 40	119	16	9
Mons	, 7206	12	4	, 140	261	13	3
Tournay	, 4659	9	5	, 80	293	11	
Courtray	, 3965			, 75	384	11	6
pres	, 6412	16		, 140	308	7	
Nieuport	, 980			, 40	75		
Oftende	, 2310						
Bruges	, 5919	11	6		541	2	9
Gand	, 6562	12	9	, 200	460	12	9
Luxembourg	, 13924	18	7	, 225	426	17	1
	f 97619	14		, 2272	f 5022	15	3
					, 2272		
					, 97619	14	
					f 104914	9	3

N.º 4.

Fraix de l'Office de la Direction Generale.

	Six mois 1735.	Six premiers mois 1736.	Six derniers mois 1736.	Trois premiers mois 1737.
Pour les Officiers de l'Office du Bureau General	f 5400	f 5400	f 5400	f 2700
Port de lettres	, 600	, 600	, 600	, 300
Papier &c.	, 1000	, 1000	, 1000	, 500
Imprimeur	, 350	, 350	, 350	, 200
Relieur	, 300	, 300	, 300	, 150
Loïer	, 600	, 600	, 600	, 300
Bois	, 350	, 350	, 350	, 200
Menutés	, 150	, 150	, 150	, 100
Au Directeur	, 15000	, 15000	, 15000	, 7500
Inspecteurs Generaux }	, 1800	, 1800	, 1800	, 900
	, 600	, 1200	, 1200	, 600
Inspecteur de la Meuse, &c.	, 900	, 900	, 900	, 450
	f 27050	f 27650	f 27650	f 13900
			, 27050	
			, 27650	
			f 82350	

Recapitulation

*ecapitulation de la depense qui a été emploiée pour la per-
ception des Droits d'Entrée pendant 18. mois.*

Pendant les premiers six mois
  les gages ordinaires des Officiers. f 96898 ;
L'interêt de leurs avances.   f 1980 ;
Les fraix extraordinaires.   f 5339 ;

                            f 104217 ;

Pendant les six mois suivans
Les gages ordinaires   f 103257 ;
Les interêts.   f 2222 ;
Les fraix extraordinaires   f 4437 ;

                            f 109916 ;

Pendant les six derniers mois
Les gages ordinaires   f 97619 ;
Les interêts   f 2272 ;
Les fraix extraordinaires   f 5022 ;

                            f 104914 ;

A laquelle depense on ajoutera ce que le Directeur devoit toucher tant pour lui que son Office pendant dix-huit mois ici   f 83070 ;

Ensorte que la depense totale des dix-huit mois
  se montera à la somme de   f 402117 ;
Et comme la somme accordée pour laditte depense n'est pour dix-huit mois que de   f 360000 ;

Il suivra que cette depense a excedé   f 42117 ;

N. B. Qu'il se trouve une plus grande excréence que celle qui a été demontrée
Memoire qui a été delivré à Vienne le 19. Avril 1737. & qui étoit pour lors de
orins 33313 , parce que dans ce tems on avoit dressé le decompte sur les païe-
ens qui avoient été faits au Directeur par le Receveur de Bruxelles , lequel dans
intervale a païé fl. 6800. aux Créanciers , & redoit encore fl. 2880. & qu'on a-
oit fait le present compte en y comprenant les deux sommes ci dessus. C'est en
uoi consiste cette difference.

*Conduite , que le Greffier CAPON a tenuë dans le voyage,
qu'il a fait à Liege après le depart du Directeur.*

A conduite de ceux des Finances ne se dément jamais , lorsqu'il s'agit d'atta-
quér , ou de dénigrer le Directeur des Droits : elle est constamment la même en toute occasion , & il leur coûte peu de produire le vrai ou le faux , pourvû que l'on en puisse esperer sa perte.
Dès que le Directeur des Droits fut parti pour Vienne , il leur prit envie d'envoier à Liege le Greffier Capon, pour y requerir, que l'on arrêteroit les biens

& effets du Directeur, ces Messieurs n'avoient aucune autorité, ni juridiction pour se produire à cet effet dans un Pays étranger; il leur fallût avoir recours à l'autorité de la Sereniffime Archiduchesse Gouvernante,

Comme ils n'ignoroient pas, que cette Augufte Princeffe, selon son équité ordinaire n'auroit pas donné les mains pour avancer des fauffetés; il fallut, comme en d'autres occasions, que l'on a recapitulé ci-deffus; que l'on surprendroit encore la religion de cette Princeffe: & pour cela en la confultant fur la matiere, on s'eft borné à demander, qu'Elle voulut requerir le Prince Evêque de Liege d'ajoûter foi à ce que le Greffier Capon pourroit lui déduire.

Cette requifition étoit très-fimple, & la Sereniffime Archiduchesse ne pouvoit fuppofer, que l'on abuferoit de fa confiance: qui pourroit auffi croire, qu'un homme envoié de cette maniere, & foutenu d'une autorité auffi refpectable, auroit eu l'audace d'avancer des faits notoirement faux, & compromettre de cette maniere le nom facré de S. A. S.

La conduite, que l'on va détailler, que le Greffier Capon a tenue dans fon voiage à Liege, va nous en fournir une preuve des plus convaincantes.

Mais avant d'entrer dans ce détail, il convient de faire remarquer ici, que ni ceux des Finances, ni ce Greffier ne pourront dire pour leurs défenfes, qu'ils n'ont rien avancé, que ce que S. A. S. leur avoit donné, puifqu'il eft de fait, que le Directeur, avant fon depart pour Vienne, avoit remis à cette Augufte Princeffe un détail des fommes, qu'il avoit paié à fes Créanciers pendant le terme de fa direction, & qu'ainfi il eft impoffible, que la Sereniffime Archiduchesse ait ordonné de dire, que le Directeur n'avoit pas paié le fol à ces Créanciers.

C'a été le 8. Avril 1737. que le Greffier Capon s'eft transporté à Liege, pour y remettre à S. A. l'Evêque & Prince une lettre de la Sereniffime Archiduchesse, qui requeroit, que l'on écoutât ce Greffier favorablement, & que l'on ajoûteroit foi à ce, qu'il avanceroit.

Après avoir remis cette lettre, le Greffier prefenta un Mémoire au nom du Confeil des Finances, par lequel il infinuoit, que le Baron de Sotelet étoit fugitif depuis le 23. Mars, malgré une défenfe qui lui avoit été faite par S. A. S. de fortir de Bruxelles: qu'il n'avoit rendu aucun compte de fa geftion: que S. M. lui aiant affigné une fomme pour payer fes dettes, il n'en avoit pas payé un fol: & qu'il y avoit beaucoup de Particuliers, qui pretendoient à fa charge; caufe pourquoi, il requeroit au nom du Confeil des Finances, qu'il lui fut permis de faire arrêter fes biens & effets.

Dès le même moment le Prince-Evêque envoia ce Memoire à l'avis des Echevins de la Cité de Liege, lefquels refervirent, que cette demande ne pouvoit s'accorder, étant contraire aux Loix municipales & fondamentales du Pays. Et l'Evêque fit mention de cet avis dans la réponfe, qu'il eut l'honneur de faire à la Sereniffime Archiduchesse, & il l'a remit au Greffier Capon.

Mais ce Greffier n'étant pas content du bruit, qu'il avoit vû, que fon Memoire avoit produit, & recevant une réponfe fermée, n'étant pas en état de rendre raifon de fa geftion à fes Confreres, il demanda une audience du Prince de Liege, pour tâcher à découvrir le contenu de la réponfe, dont il étoit Porteur: fa curiofité fut promptement payée, le Prince lui aiant dit, qu'il avoit aporté une lettre, qu'on lui donnoit la réponfe, & que c'étoit tout ce, qu'on avoit à lui dire là-deffus.

Plufieurs Pieces que l'on a reproduites dans les écritures precedentes, ont demontré fuffifamment, que S. A. S. n'avoit pas défendu au Directeur de s'abfenter de Bruxelles, ni en figné aucun Decret; il étoit connu à ceux des Finances, que le Directeur étoit mandé à Vienne, ce n'étoit pas s'enfuir, que de s'y rendre: il n'étoit auffi queftion pour lors, que le Directeur rendit aucune raifon de fa geftion, puifque les Receveurs n'avoient pas encore achevé de rendre leurs comptes: il n'étoit aucun Creancier, qui demandoit la moindre chofe à la charge du Directeur, sinon trois ou quatre Receveurs, que l'on est en état de verifier, avoir eté sollicité de leur part par les fameux Ingelbien & Bridimus; enfin il etoit d'avance prouvé, qu'il avoit paié à ses Creanciers plus qu'il n'avoit recu.

Enforte qu'il sera inutile de repeter ici toutes-ces preuves qui donnent un dementi formel à ce Greffier. Cependant comme la liste des payemens, que l'on a produit à S. A. S. a eté tirée hors des quitances des Creanciers, & qu'il pourroit peut-être s'y être glissez quelque erreur, on reproduira ici pour une preuve complette sur cet article un extrait de tous les payemens, que le Receveur de Bruxelles a faits par ordre & pour compte du Directeur, tel qu'il se trouve en florins, sol & deniers au compte courant de ce Receveur, & tel qu'il va suivre.

Verification des Payemens, que le Directeur a fait à ses Créanciers, ou plûtôt à ceux du Gouvernement, depuis le commencement de sa Direction, par extrait de son Compte courant avec le Receveur de Bruxelles.

Au Sieur Nettine pour divers.	f 2137 :	13 :	8
Au Marchand Caillet.	926 :	6 :	
Au Sieur Duchateau.	600 :	:	
A Monsieur Thisquen.	933 :	6 :	8
Sieur van Essen.	396 :	17 :	1
Sieur Jamat	3175 :	10 :	
Sieur Hazart pour Rocquigni	744 :	3 :	9
Dito.	1493 :	6 :	6
Receveur de Couvet.	390 :	:	
Sieur Claudinot,	224 :	10 :	
Saive de Gosseliers.	1000 :	:	
Nettinne pour Jamar & autres	3417 :	:	
Robert pour interêt à tiers.	415 :	10 :	
Vandestein.	1482 :	12 :	
Sieur Jamar.	1540 :	:	
Sieur Oorts	450 :	:	
Sieur Hazart pour Rocquigni	1512 :	:	
Sieur Betecompt	204 :	:	
Veuve Jacobs.	141 :	5 :	
Sieur Stordeur pour Mr. Thisquen	600 :	:	
Sieur Robert pour interêt à tiers	300 :	:	
Au même pour autres.	430 :	:	
Sieur Proli pour Bouillez	2000 :	:	
Sieur Hazart pour Rocquigni	1562 :	5 :	9
Sieur Hicquet.	1120 :	:	
Sieur Delsaux pour Mr. Thisquen	558 :	14 :	
Brasseurs de Bruxelles.	676 :	13 :	4
Sieurs Oorts.	450 :	:	
Veuve Chavatte.	464 :	:	
	f 29345 :	13 :	9

Nota que tous les payements ci dessus tirés, sont compris au Compte de Rocquigni dans les deux payemens

de   f 37059 : 8 : 9

    f 17235 : 5 : 10

    f 54294 : 14 : 7

Transport. - - - - -		f 29345 : 13 : 9
Sieur Keyser Receveur à Namur. f 3400 : :		
Au même. - - - f 3400 : :		
Veuve Meunier. - - f 598 : 10 :		
Sieur Willaert. - - - f 700 : :		
Servaes &c pour Mr. Thisquen. f 435 : 18 :		
Sieur Duchateau. - - f 400 : :		
		f 8934 : 8 :

Nota. Que les païemens ci dessus font compris
au Compte de Rocquigni dans le païement de
f 12264 : 8 : 10 du 4. Août 1736.

Aux Brasseurs de Bruxelles. - f 1400 :		
Aux mêmes - - - f 1400 :		
Sieur Vandenberg - - f 1000 :		
Sieur Oorts. - - - f 3000 ;		
		f 6800 : :

Compris dans la quittance du 8. Septembre
1736. de f 9853 : 9 :

Sieur Vandenberg. - - f 1500 ;		
Sieur Oorts - - - f 2000 ;		
Sieur Hicquet - - f 797 ; 5		
Brasseurs - - - f 1400 ;		
		f 5697 ; 5 :

Compris dans la quittance du 28. Janvier 1737.
de   -   -   -   f 8667 ; 17 ; 6

Sieur Vandenberg - - f 500 ;		
Sieur Orts. - - - f 1000 ;		
Brasseurs. - - - f 700 ;		
Sieur Decleves. - - f 1041 ; 18		
		f 3241 : 18 :

Compris dans la quittance du 9. Mars 1737
de   -   -   -   f 4846, 8 8

Sieur Oorts. - - - f 1000 :		
Brasseurs - - - f 1400 ,		
Sieur Vandenberg. - - f 5000 ,		
		f 2900 , ;
		———————
		f 56919 , 4 , 9

Nota. Que dans les Notices précédentes que l'on a produites, on n'a porté que
f. 52, mille, & que la difference provient des derniers Payemens qui n'étoient point
faits pour lors &c.

Mais si par le detail, que l'on vient de produire, il conste à ne pouvoir le revoquer en doute, que le Directeur des Droits pendant sa direction a païé une
somme de 56. mille florins à ses Creanciers ; comment est-il possible, qu'un Greffier Capon ait osé avoir l'impudence de dire que le Directeur n'avoit pas païé un
sol à ses Créanciers ? comment at-il osé abuser du nom sacré de S. A. S.

C'est ce que tout homme de bon sens aura peine à croire, aussi bien que de voir
une pareille impudence rester impunie.

*Sicut avis ad alia transvolans, & passer quòdlibet vadens, Sic maledictum
frustrà prolatum in quempiam super-veniet.* Proverbiorum Cap. 26.

Conduite

XI. Piece.

Conduite du Conſeil des Finances, qui juſtifie celle du Directeur des Droits.

QUoique le Directeur ſoit penetré de l'eſtime la plus reſpectueuſe pour les Corps qui ſont établis d'autorité des Souverains : & que ſelon cette diſpoſition il eſt plus incliné à cacher leurs défauts, qu'à les produire ; il ſe trouve néanmoins dans la dure neceſſité de devoir rencontrer les principaux Points de la conduite, que ſa partie adverſe a tenuë à ſon égard, afin de mettre ſa reputation à abri des vains reproches dont on l'a chargé.

Il eſt inutile de diſſimuler, que la Contrepartie du Directeur eſt le Conſeil des Finances, il s'eſt lui-même declaré tel en trop d'occaſions, & les differentes Pieces, que l'on a produites, ont demontré en pleine évidence la precipitation & la paſſion, avec laquelle on a agi.

Il ne reſtera donc, qu'à faire voir, que ce Conſeil loin de ſe conformer aux ſages diſpoſitions, que Sa Sacrée Majeſté, & SON ALTESSE Sereniſſime avoient établies pour parvenir à la melioration des Droits d'Entrée, a préciſément fait tout le contraire & a employé tous les moyens, dont il étoit le maître pour traverſer la vigilance du Directeur auſſi-bien que pour le mettre hors d'état de parvenir aux elles qu'il s'étoit propoſées.

Il ſeroit ennuyeux, & la matiere meneroit trop loin, ſi l'on vouloit s'arrêter à toutes les repréſentations, que l'on a faites les unes plus, les autres moins intereſſantes, qui en dix-huit mois ſont en nombre de plus de cent, & que l'on n'a pas pris la peine de voir ; on ne parlera pas auſſi des Lettres que ce Conſeil a écrites, tant aux Juges deleguez, qu'aux Contrôleurs, tendantes à diminuer & alterer une autorité, qui étoit neceſſaire au Directeur & l'on ne raportera, que quelques Points choiſis ſur chaque matiere, afin qu'ils ſervent de preuve à ce que l'on a avancé dans les écritures precedentes.

Comme l'on a remarqué en differentes occaſions, que ce Conſeil a cru de s'être diſculpé ſuffiſanment en diſant, que SON ALTESSE Sereniſſime l'avoit ainſi ordonné, il eſt néceſſaire, que l'on faſſe cette attention, que s'il n'eſt jamais permis dans quelque Corps que ce ſoit de prendre une réſolution contraire à la juſtice & à l'équité, c'eſt encore en aggraver la faute, que de vouloir en rejetter le blâme ſur ſon Principal, & que dans les affaires, dont il eſt ici queſtion, la Sereniſſime Gouvernante n'a fait que ſe conformer aux Conſultes, qu'on lui a produites, leſquelles Elle n'a pû croire autres, que fondée en juſtice & exemtes de paſſion, & de maniere, que lorſque le contraire vient à s'y rencontrer, ce ne poura être qu'une nouvelle faute, que l'on aura commiſe, en expoſant de cette façon ſon Nom Sacré.

No. I.

Deduction d'un Fait, qui concerne le Receveur de Bruxelles.

LE Directeur, aiant fait interpeller à differentes repriſes le Receveur de Bruxelles nommé Rocquigni, de reproduire à la Direction les Acquits à caution de ſon Bureau, on n'a pû en avoir aucune raiſon, & on a été obligé d'en venir à des voïes de fait pour ſe procurer une ſatisfaction la plus juſte & la mieux fondée.

Ayant fait ſaiſir le Regiſtres des Acquits ſuſdits, il s'en eſt trouvé une ſi grande quantité de non renſeignez ; que negligeant ce qui avoit regardé la Direction des Finances depuis le Novembre 1733. juſqu'au mois de Juin 1735. pendant lequel

¶ 10.

terme il n'y a pas la moitié de ces Acquits, qui foient reproduits, ce qui eft un
marque éclatante de cette vigilante Direction, & en ne s'atachantqu'aux plu
effentiels depuis le mois de Juilliet 1735. on a trouvé que ce Receveur avoit fa
tort à la Caiffe de Sa Majefté de plus de *quarante cinq mille florins*.

Sur cette decouverte le Directeur fe trouva contraint de faire fommer le Rec
veur Rocquigni à faire rentrer inceffanment, au profit de Sa Majefté & au fer
de fes Ordonnances, les triples Droits de ces Acquits à caution non renfeigné
fous les peines que de Droit.

Ce Receveur n'aiant pas fatisfait fur la premiere fommation, n'aiant allegué au
cune raifon : ni même pris la peine d'en parler au Directeur General fon princ
pal, on fut obligé de lui réiterer la fommation dans les formes ordinaires ave
fixion d'un nouveau terme.

Ce Receveur loin d'y fatisfaire, s'adreffa au Confeil des Finances, qui, fan
avoir entendu le Directeur des Droits fur la matiere au principal, comme il y é
toit tenu felon l'article cinquiéme de la Patente du Directeur, ordonna par fes let
tres, que l'on reproduit, que l'on ftâteroit cette pourfuite, & fit enfuite remet
tre à la Chambre des Comptes toutes les pieces originales de cette difficulté. D
maniere que le Directeur n'a pû aller plus avant.

Cette conduite de ceux des Finances ne doit pas paroître extraordinaire, fi l'o
reflechit, qu'il étoit de leur interêt de foutenir à tout prix un Receveur, qui felo
leurs inftructions avoit levé le mafque contre fon principal, tant en dreffant de
faux Comptes, que par le refte du rôle qu'il a joué.

Mais ce qui doit furprendre, ce font les termes, dont on fe fert dans cette Let
tre, parce qu'ils fe contredifent les uns les autres, car l'on veut faire accroire, qu
SON ALTESSE Sereniffime examinera par Elle-même des Acquits à Caution
& l'on y fuppofe, qu'il y a matiere à la juftification ; s'il faut faire raport à SON
ALTESSE Sereniffime, cette Augufte Princeffe n'en fera donc pas l'examen pa
Elle-même ? on veut bien auffi écouter Rocquigni, mais le Directeur ne merite apa
ranment point cette attention ? c'eft ce que l'on remet au jugement équitable de ceux
qui connoiffent cette matiere.

Le même Receveur ayant eu enfuite la temerité de reproduire au Grand Confei
de Sa Majefté le Compte, qu'il avoit fabriqué pour faire accroire, que le Directeur
auroit touché plus, qu'il ne lui competoit, celui-ci a profité de l'avantage de le trou
ver en jugement, & il a conclu à fa charge, tant à ce qu'il feroit condamné à la ref
titution de la valeur des triples Droits, des Acquits à Caution non reproduits en leu
tems, qu'à tout autre peine, qu'il feroit trouvé d'avoir encourue, foit de ce chef
foit pour avoir pillé le Public lui & le Contrôleur Salomon par une exaction la plus
injufte pour la depefche des Acquits à caution & des Paffavants.

Et comme ceux des Finances pas contens d'avoir empêché, que le Directeur s'ac
quiteroit de fes devoirs n'ont d'ailleurs porté aucun foin au predit renfeignement de
puis le 21. Janvier 1737. terme de leur interdiction, il n'eft que trop vifible, que
loin de fe prêter à faire valoir les Droits d'entrée, ils s'attachent précifement à faire
le contraire.

*Suit la copie de la Lettre des Finances du 21. Janvier 1737.
dont il eft fait mention ci-deffus.*

*MOnfieur le Baron, nous vous faifons cette de l'ordre exprès de S. A. S. pour
vous dire, que lui aiant donné part de votre plainte & reprefentation contre
le Receveur Rocquigni, auffi bien que de fa Requette, qu'il nous a prefenté, demandant d'avoir un terme convenable pour fe juftifier & que la fufpenfion par vous
comminée foit ftatée, Elle a refolu à prendre par Elle même conoiffance de cette
affaire, & qu'ainfi vous aiez à vous abftenir entre-tems de toute voie de fufpenfion & autre de fait, jufqu'à ce que fur le raport qui lui en fera fait, après avoir
ouï Rocquigni, il en foit ordonné comme Elle le jugera appartenir, vous reque-*

ant & neanmoins au Nom & de la part de Sa Majesté, vous ordonnant de vous conformer atant Mr. le Baron Dieu vous ait en sa sainte garde. De Bruxelles .. u Conseil des Domaines & Finances de l'Empereur & Roy le 21. Janvier 1737.

vidimé HERZELLES, signé CAPON.

N°. 2.

Fait contre le Receveur de Willebrouck.

E Directeur ayant reconnu par l'Examen, que ses Officiers avoient fait des Bordereaux du Comptoir de Willebrouck, & de plufieurs Acquits, que l'on y voit depêchés, que ce Receveur contrevenoit formelement à l'Article fixiéme de Patente de Regie de l'an 1732. lequel eft en pleine obfervance, fe douta qu'il y voit de la friponerie dans cette conduite, & il ordonna à l'Officier Vidal de faire ne exacte recherche des Paffeports écrits à la main, que ce Receveur pouvoit avoir xpedié.

L'on eût une peine extraordinaire à en recouvrer, ce Receveur refufoit aux Batteers de figner leurs Acquits de fortie à leur retour, lorfqu'ils ne lui reproduifoient oint les Billets precedents, & l'on ne trouva d'autre moyen, que de gagner un Batlier, qui diroit à ce Receveur, qu'il les avoit perdu.

Ce moyen réuffit, il en fit recuperer dix-huit Billets de cette efpece, on y voyoit, ie ce Receveur avoit reçu une fomme de florins 79, 5 qu'il n'avoit renfeigné dans s regiftres & bordereaux que f 58 : 4. & que de cette maniere il s'étoit approé f 21 : 1

Le Directeur fit reproduire l'un de ces billets à ce Receveur, lequel repliqua, ie le furplus, qui s'y trouvoit étoit fon falaire. Mais que cela arrivoit rarement. On lui dit, qu'aiant un apointement fixe, il ne pouvoit exiger aucun falaire, qu'il devoit expedier le tout gratis, & par billets imprimez felon les articles & 6. de la Patente de Regie de l'an 1732.

Par les informations, que l'on continua de prendre fur la même matiere, l'on connut enfuite, que ce Receveur fuivoit la même methode avec tous les Batteaux argez de poiffons, qui paffoient par fon Bureau, de maniere que par ce pretendu laire, il faifoit tort par an à cette Recette de plus de mille florins.

Ce fut pour lors, que le Directeur fe crût obligé de faire fa reprefentation en Fiances le 26. Decembre 1736. il y joignit dix-huit Billets écrits à la main, lefquels rvoient de preuves : & en attendant, que l'on prit une réfolution fur cette contraention, il crut devoir fufpendre ce Receveur de fon emploi, comme il le fit, afin e faire ceffer cette malverfation.

Il n'étoit perfonne qui ne vit du premier coup d'œil, que ce Receveur avoit enuru les Amendes comminées par les Articles 3. & 6. de la Patente de Regie de an 1732. & qu'il y avoit en outre des preuves fuffifantes de Peculat, pour faire onfifquer l'avance de ce Receveur, & le faire chaffer du fervice, & l'on ne pouoit s'attendre, qu'à l'un & l'autre, afin que cette demonftration fervixoit d'exemple.

C'eft auffi pourquoi l'on ne poura qu'être étrangement furpris de voir la Lettre, ue ceux des Finances écrivirent le 18. Fevrier 1737. fans avoir pris la peine d'enndre le Directeur fur la matiere, comme ils y étoient tenus.

Cette Lettre n'a befoin d'aucun Commentaire : s'il eft veritable, que SON LTESSE Sereniffime ait été confultée : il fera également veritable que cette inceffe ne fe fera que conformée à la Confulte : enforte que tout le blâme en ombe fur les Confultants. Et fi cette Confulte a fubfifté, qui ne verra l'ignorance, partialité, le mépris du Service atl'impunité du crime ? & qui ne s'apercevra que tte maniere d'écrire, n'eft qu'un jeu tout pur de fon Miniftere ?

Extrait de l'article 3. de la Patente de Regie de l'an 1732.
fol. 3.

„ Tous lesquels Acquits , Paſſavants & Certificats ils feront obligez d'éxpedier
„ *gratis* , fans pouvoir rien exiger pour la depêche d'iceux à peine de fl. 40 :
„ d'amende.

Article 6. fol. 5.

„ Sans que les Collecteurs , Commis , Viſiteurs , Gardes & autres Officiers puiſ-
„ fent depêcher , ou faire depêcher aucun Acquit , Paſſeport , Paſſavant ou
„ Certificat écrit à la main , à peine de deux cents florins d'amende.

Selon ces articles les amendes que ce Receveur avoit encourues,
étoient de f 4320 : fans toucher ce qu'il devoit renfeigner.

Copie de la Lettre des Finances du 18. fevrier 1737.

MOnſieur le Baron, *aiant porté à la connoiſſance de S. A. S. par Conſulte du vingt*
buit Janvier dernier la repreſentation que vous nous avez faite le vingt ſix Decem-
bre mil ſept cens trente ſix concernant les plaintes à charge du Receveur du Tonlieu à Wil-
lebrouck nommé Jenie , nous vous diront , que cette Auguſte Princeſſe veut que vous re-
tabliſſiez ledit Receveur dans ſon poſte , ou que vous le caſſiez abſolument, Si vous croiez
avoir des raiſons plus fondées , que celles , que vous nous avez expoſées, dont vous rendrez comp-
te au Gouvernement , ponr connoitre , ſi elles feront ſuffiſantes , a tant Monſieur le Ba-
ron Dieu vous ait en ſa ſainte garde. De Bruxelles au Conſeil des Domaines & Finances
de l'Empereur & Roi le dix buit de Fevrier , mil ſept cent trente ſept.

vidimé HERZELLES , figné CAPON.

Nᵒ. 3.

Conduite du Receveur de Charleroy , & Contrôleur de Namur.

ON avoit à differentes repriſes fait connoître au Directeur des Droits , que le
Receveur principal de Charleroy nommé Ingelbien prevariquoit dans ſon emplois , & qu'il s'aproprioit une partie des revenus de Sa Majeſté. Mais l'on ne
pouvoit en recouvrer des preuves ſuffiſantes , tant ce Receveur prenoit de precautions & étoit paſſé maître en cette manœuvre.

Le Directeur s'aviſa de faire un changement preſque total des Officiers de ce
departement , & l'on réuſſit par là à découvrir l'intrigue de ce Receveur comme
de pluſieurs autres Officiers , qui agiſſoient de concert avec lui

L'on vint donc à recouvrer des preuves plus que ſuffiſantes, de ce que l'on cherchoit , & on les a jointes à une repreſentation , que l'on a faite en Finances ſur
la matiere ; & comme il y avoit dequoi ſuffiſamment pour faire agir les Fiſcaux on
ne douta pas que cette affaire y feroit confiderée.

Mais loin de tenir cette affaire ſecrete , comme naturellement elle devoit l'être,
l'on fit tout le contraire , & l'on communiqua à ce Receveur les points qui étoient avancés à ſa charge ; l'on compromit même differentes perſonnes , qui avoient
fourni des declarations convenables , l'on divulgua que le Directeur des Droits ,
n'en vouloit qu'aux meilleurs Officiers , enfin le Conſeil des Finances conſulta S.
A. S. en ſa maniere ordinaire , & declara enſuite , qu'il ne ſe trouvoit rien à la
charge de ce Receveur.

Auſſi

Auſſi ce même Receveur inſtigué, commé il l'a avoüé par après, par ceux des Finances, leur a marqué ſa reconnoiſſance en vomiſſant cent calomnies contre le Directeur ; en ſuſcitant ſes Creanciers à l'attaquer ; & en l'attaquant lui même au Grand Conſeil pour la petite avance, qu'il avoit faite. Mais ce qui eſt de ſurprenant & d'ingrat dans ce procedé, eſt que lors, que l'on a cru ſe pouvoir paſſer des bons offices de ce Receveur, qui du tems de la Direction avoit été reconnu pour très-honnête homme, l'on a revendiqué tous les griefs que le Directeur avoit produit, & en vertu d'iceux on l'a chaſſé de ſon employ.

L'on ſçauroit volontiers ſi ce Conſeil a conſulté pour ce Son Alteſſe Sereniſſime, & comment il aura pû concilier cette demarche avec la precedente, mais quoi qu'il en puiſſe être, l'on remarque aſſez que ce n'eſt pas le ſervice qu'on cherche de faire, mais de contenter ſa paſſion.

Le Fait du Contrôleur de Namur nommé Málloui, eſt d'une même nature, l'on a demontré, que ce Contrôleur expedioit des billets chez lui pour ſe derober à la vigilance du Receveur ; l'on a reproduit differents Acquits aſſez conſidarables, deſquels il avoit mis en pôche le provenu ; l'on a fourni differentes autres preuves faiſantes à la même matiere, & l'on a fait ſur le tout une ample repreſentation en Finances. Le Directeur a même ſuſpendu ce Contrôleur de ſes fonctions, & nonobſtant tout cela l'on n'a pû avoir la moindre raiſon de cette repreſentation.

<h2 style="text-align:center">N°. 4.</h2>

Faits qui regardent quelques Seigneuries pretenduement franchées, & quelques privileges, &c.

ON a repreſenté dez le tems de la regie des droits de l'an 1718. on l'a reiteré dans celle de l'an 1732. de même que dez le commencement de la Direction en l'an 1735. que la Terre & Seigneurie de Lummen conſiſtant en quatre gros Villages & douze Hameaux contigus au Duché de Brabant, & reputée pour Terres étrangeres, faiſoit partie de ce Duché, & qu'il étoit d'autant plus important de la revendiquer que pour les droits d'Entrée, les Domaines, les Subſides &les moiens courants, cette Terre pouvoit donner à Sa Majeſté juſqu'à quarante mille florins par an. Cependant l'on n'a pû obtenir aucune fin de cette ſollicitation.

Le Directeur des droits n'eut pas plûtôt pris poſſeſſion de ſa Direction, qu'il redonnut, que la Terre de Goſſelies ne payoit plus les droits. Il en a demandé raiſon aux Officiers du Bureau qui y eſt établi, deſquels il a apris, que les Inhabitans de ce Bourg & Terre conſiderable, malgré qu'ils avoient paié tous les droits depuis plus de quarante ans en deça, s'étoient erigés en maître pendant la Direction des Finances, avoient aſſemblé la Communauté & prit la reſolution de ne plus païer de droits. Que pas contents de cet attentat à la ſouveraineté de Sa Majeſté, ils avoient fait afficher leur reſolution à tous les coins des rues de ce Bourg, fait defence aux Inhabitans de païer les Droits, & qu'ils en avoient même refuſé le paiement avec main forte.

Le Directeur a fait differentes repreſentations ſur cette matiere, & fait remarquer les conſequences & les ſuités dangereuſes d'un pareil attentat, tantôt on lui a dit, que le Juge delegué au Departement de Bruxelles avoit commis une faute de ne pas juger plus ſommairement ſur cette conteſtation, & l'on n'a pas oublié de repliquer que c'était pour obvier à des pareils inconviens, que l'on ſollicitoit avec tant d'inſtance les inſtructions pour ces Juges.

On lui a dit une autre fois, que le Procureur General de Brabant avoit commis une ſeconde faute en attraiant cette Procedure à ſon Conſeil, & l'on n'a pas auſſi manqué de repondre, que cette diſpoſition étant contraire aux Ordonnances émanées pour la perception des Droits d'Entrée & autres adjoints le Gouvernement avoit autant plus de raiſon de la renverſer, & d'uſer de ſon autorité. Et pen-

¶ II.

dant tous ces altercas l'on n'a pris aucune résolution sur la matiere & les Inhabitans de
cette Terre restent en possession du non païement des Droits, exemple qui donne une
atteinte très notable au regal de Sa Majesté & peut produire des facheuses consequences.

Les Officiers des Droits au Departement de Namur aïant saisi sur la Juridiction de la Terre de Blaimont appartenante à l'Abbé de Waulsor Vassal de
cette Province un chariot chargé de Vin que l'on y conduisoit sans avoir reconnu les Bureaux de Sa Majesté ni païé ses Droits : on est venu alleguer
que cette Terre étoit Souveraine, & quoi que l'on ait prouvé le contraire par
des actes suffisans, tant du Conseil Privé, que du Conseil Provincial de Namur,
on n'a pû avoir aucune fin de cette contestation.

Enfin l'on a representé, que les privileges accordez autrefois aux Villes de Charleroy & de Weert, demandoient explication & interpretation : que ces Inhabitans
en abusoient au préjudice des autres Sujets de S. M. : que c'étoient deux portes
ouvertes à la fraude des droits d'Entrée, sans que le Directeur pût y remedier ; on
a reiteré differentes fois ces representations avec toutes les preuves à ce necéssaires ;
sans que l'on ait pris la peine d'y faire atention, ni écouter le Directeur sur la matiere.

<h1 align="center">N°. 5.</h1>

Circonstances sur le Reglement à faire pour les Juges deleguez.

L'Article septiéme de la commission du Directeur porte *in terminis*.

„ Que sera dressé nouvelle instruction pour la conduite des Juges des differens
„ departemens, tant pour qu'ils jugent sommairement, & sans figure de procès,
„ que pour fixer leurs honoraires, &c.

Le 23. Juillet 1735. le Conseil des Finances écrivit au Directeur des Droits, qu'il
formât le projet avec son avis sur cette matiere.

Le Directeur en se conformant à cette requisition remit au Conseil le projet de
cette instruction ; il y fournit de même les extraits necessaires des anciens Reglemens sur la même matiere; cita les Articles des differentes Patentes de Regie, qui
avoient été publiées depuis l'an 1680. jusqu'à present ; representa leurs inconve-
niens; les difficultez survenuës depuis lors, auxquelles ces Reglemens n'avoient pas
pourvu ; enfin il mit cette affaire en état d'être terminée en une seule seance.

Ce nonobstant & malgré les continuelles sollicitations du Directeur il ne fut pris
là-dessus aucune resolution, que dans le mois de Novembre 1735. lorsque le Directeur étant mandé à Vienne, il requit le Ministre de vouloir bien ordonner,
qu'avant son depart cette affaire seroit discutée & terminée.

Son Excellence eut la bonté de s'y prêter: selon ses requisitions on indiqua jour en Finances pour en traiter: le Directeur s'y trouva, l'on discuta la matiere pendant deux
seances, & à quelque changement près, que l'on y fit & de peu de consequence il fut resolu que cette instruction seroit dressée selon le plan, que le Directeur en avoit produit.

Le même jour que cette resolution fut prise, le Conseiller Bervoet vint prêter
serment, pour l'entrée à ce Conseil, & aiant sçû dequoi on y traitoit actuellement,
il requit de voir les Actes, & l'on convint de les lui faire remettre.

Mais depuis lors & malgré les plus vives sollicitations que l'on ait pû faire, on
n'a pû obtenir l'execution de cette instruction, laquelle est cependant plus necessaire qu'aucune autre Ordonnance, laquelle est ordonnée par ordre de Sa Majesté même & reiterée par ceux de Son Altesse Serenissime & c'est de cette sorte
que l'on postpose les resolutions Royales au caprice des particuliers.

Dès que le mois de Juillet 1735. fut écoulé, & que les differens Receveurs auroient déja dû avoir remit leur provenu à la Recette Generale, le Directeur y envoia l'un de ces Officiers pour demander la notice qui lui étoit necessaire, & se conformer au conténu de l'Article neuf de sa commission.

Le Receveur General fit réponse, qu'il n'avoit encore reçu la moindre chose provenant des Droits d'Entrée, & qu'il étoit surpris de ce retardement.

Le Directeur écrivit ensuite aux Officiers principaux, pour connoitre les raisons du retardement de ces paiemens : & il aprit que le Conseil des Finances ne s'étoit pas conformé au Dispositif de sa commission, mais avoit ordonné, que les Receveurs principaux des Droits paieroient tout ailleurs, qu'à la Recette Generale.

Ces allées & venuës firent, que le mois de Septembre 1735. étoit déja bien avancé, sans que l'on eût aucune satisfaction ni sur les payemens des mois de Juillet & Août, ni sur celui de Septembre, & le Directeur crut pour lors, que si le Conseil avoit trouvé à propos de changer la premiere disposition, il étoit au moins de l'ordre que le Directeur en seroit informé, afin qu'il pût s'acquitter de ses devoirs, & ce fut sur cette representation que le Conseil des Finances lui écrivit la Lettre suivante.

Monsieur le Baron, Nous vous faisons Cette pour vous informer, que le Conseil a trouvé convenir d'ordonner par Lettres de ce jour aux Receveurs des Droits d'Entrée & Sortie de remettre les Produits des Droits de leur Département du mois de Juillet dernier à la Veuve Proli, de même qu'a ceux de Gand, Ostende, Nieuport, Ipres, Courtrai, Tournai, Namur, Anvers & Turnhout de payer le Produit du mois d'Août dernier à ladite Veuve, & à ceux de Mons, Beaumont, Bruxelles, Tirlemont, Navagne, Roermond, Bruges & Luxembourg de payer ledit Produit à Mathias Nettine; vous prevenant, que nous vous remettrons les Listes des sommes, que lesdits Receveurs auront payées, tant à ladite Veuve, qu'audit Mathias Nettine, dès qu'ils nous les auront envoyez. Atant Monsieur le Baron, Dieu vous ait en sa sainte garde. De Bruxelles au Conseil des Domaines & Finances de l'Empereur & Roy, le dix-sept Septembre 1735.

Vidimé CUVELIER. Signé. FRANQUEN.

Ces listes que l'on avoit promis dans la Lettre precedente ne sont jamais arrivées : le Directeur a continué pendant chaque mois de s'informer à la Recette Generale : & jusqu'à la fin de l'an 1735. il n'a pû avoir aucune satisfaction sur cet article : parce que le Conseil des Finances a continué de disposer, comme il l'avoit fait pour les mois de Juillet & Août, & même sans plus en donner aucun avis au Directeur.

L'on a suivi la même conduite pendant l'absence, que le Directeur a dû faire depuis le Decembre 1735. jusqu'au Juin 1736. lorsqu'il a reiteré les mêmes representations, qui n'ont pas eu plus d'effet, que les precedentes : il s'est adressé derechef à la Recette Generale, où l'on n'a pû lui donner aucune satisfaction : il a écrit à la Veuve Proli à Anvers qu'elle voulu lui envoier chaque mois une liste des paiemens, qu'elle auroit reçu, & elle a fait réponse, qu'elle ne pouvoit ce faire, l'on ne sçait pourquoi, ne fût qu'on le lui auroit défendu.

Enfin le Directeur a reiteré differentes fois les representations sur cette matiere au Conseil des Finances, sans avoir pû en consuivre aucune satisfaction : ne fût que l'on puisse dire que s'en soit une, ce qu'on lui a écrit le 19. Decembre 1736. l'unique Lettre qu'il a reçu sur cette matiere, & telle qu'on va la faire suivre; mais l'on regarde plûtôt cette conduite, comme pour se railler du service & du Directeur.

Monsieur le Baron nous vous faisons Cette pour vous avertir, que nous avons assigné sur le Receveur Rocquigni onze florins au profit de la Veuve Tendyck pour une rame de papier, & une livre de cire, qu'elle a livrée au mois de May 1735. pour le service du Bureau General de la Regie de ce tems-là, atant Dieu vous ait Monsieur le Baron en sa sainte garde. De Bruxelles au Conseil des Domaines & Fi-

nances

ſtances de l'Empereur & Roy le 19. Decembre 1736.

Vidimé HERZELLES. *Signé* Le Baron DE LADOS.

Après lesquelles demarches il eſt étonnant, que ceux qui ont empéché le Directeur de vaquer à cette rentrée en Caiſſe, aient la temerité de venir lui reprocher, qu'il auroit manqué en ce à ſon devoir.

XII. Piece.

Conduite de ceux des Finances à l'égard des trois Placarts, qu'ils ont fait publier en May & Juin 1737.

AVant d'entrer dans le detail du preſent article, il eſt neceſſaire que l'on faſſe remarquer, que le Baron de Sotelet outre la Direction des Droits d'Entrée aux Pais-Bas, étoit encore chargé de la ferme des Douanes des deux Provinces de l'Autriche, où ſa preſence étoit auſſi neceſſaire de tems à autre.

Que ce fut à ce ſujet que Son Excellence le Marquis de Rialp, en qualité de Secretaire de la depêche univerſelle lui écrivit le 2, Janvier 1737. la Lettre, dont on joint ici l'extrait.

Enfin quoi qu'il en ſoit, je dois vous dire, que l'on a beſoin de vous ici, & que votre preſence y eſt neceſſaire pour bien des égards; effectivement ſi j'avois ſçû, que vous duſſiez reſter ſi long tems loin d'ici, je n'aurois pas conſenti à votre depart, ni prêté la main à ce qu'on vous en accordât la permiſſion, vous aurez la bonté d'y ſonger, &c.

Cette lettre parvint au Directeur des Droits le 13. Janvier ſuivant: dez l'après midi du même jour il l'a communiqua au Grand Maître, qui lui dit d'avoir reçu auſſi dans le même tems une pareille lettre ſur la même matiere & qui lui donna dez lors la permiſſion de partir, lorſqu'il le trouveroit à propos.

Mais le Directeur fit connoître à ce Miniſtre, que quoi que ſa preſence fût très neceſſaire en Auſtriche, il étoit neanmoins de ſentiment de retarder ſon depart, juſqu'à ce que l'on eut terminé les difficultés que ceux des Finances lui ſuſcitoient, & pour ces raiſons il ſupplia Son Excellence d'en faire accelerer la fin: ce que ce Miniſtre lui promit de faire.

Le Dimanche, qui ſuivit cette audience qu'il avoit eu du Grand Maître, le Directeur fut informé de la Conſulte que l'on mediroit de produire à S. A. S.; on en omet ici toutes les circonſtances; parceque l'on en a ſuffiſamment parlé ailleurs.

Et l'on eut même tout ſujet de croire que cette conſulte étoit tombée à neant, puis qu'outre la parole d'honneur du Miniſtre, l'on communiqua au Directeur vers la fin de Janvier 1737. quelques nouveaux griets, deſquels il étoit fait mention dans cette belle Conſulte.

Le Directeur des Droits fit ſes réponſes par écrit dans le mois de Fevrier telles qu'on les a produites, & dès lors juſqu'au départ du Miniſtre, il ne fut plus queſtion de ladite Conſulte, non plus que de mettre fin à ces conteſtations.

Pendant ces entrefaites le Comte de Harrach reçut ordre de ſe rendre à Vienne: le Directeur ſe rendit d'abord à ſon Hôtel pour lui ſouhaiter le bon voiage & le prier de mettre ordre que, pendant ſon abſence, il ne ſeroit point ſacrifié au caprice de ſes ennemis.

Son Excellence eut la bonté de lui dire qu'il avoit recommandé très particulierement cette affaire à la Sereniſſime Archiducheſſe, & que pendant ſon ab-

¶ 12

fence, qui ne feroit que d'un mois, il ne feroit rien innové; que quant au départ pour Vienne, lui Directeur feroit bien de differer encore quelques jours : parce que S. A. S. en avoit écrit à Vienne, & pourroit dans l'intervale en recevoir réponfe.

Le Grand Maître étant parti, le Directeur des Droits mit toutes fes attentions pour tâcher à découvrir, pourquoi on avoit crû qu'il étoit neceffaire d'écrire derechef à Vienne à l'égard du voyage qu'il devoit y faire ; & il fçût en peu de jours, qu'on lui avoit parlé peu jufte, & que tout le délai que l'on affectoit de lui faire prendre, étoit pour le retenir à Bruxelles, & le laiffer facrifier à la paffion de fes ennemis.

On découvrit donc dès-lors, que le Comte de Bornhem envolé à Vienne pour toute autre chofe, avoit été chargé de produire à cette Cour une dépêche qui concernoit les affaires du Baron de Sorelet, & qu'entre autres, on y avoit joint cette fameufe Confulte, &c.

Dès-lors on ne douta plus un moment que la perte du Directeur avoit été refolüë, & celui-ci fit fes difpofitions pour partir le plûtôt poffible ; il auroit même pû arriver à Vienne avant le Miniftre, s'il avoit eu à la main l'argent qui lui étoit neceffaire pour faire ce voiage.

Il ne cacha fon départ à perfonne : il prit d'un jour à l'autre congé de fes amis : il envoïa fa chaife de pofte & fon bagage au Pays de Liege pour l'y attendre ; & le 15. Mars 1737. il arriva, que le Pere Albert Capucin avec fon Confrere vint diner chez lui, & il fe recommanda à leurs prieres pour le voiage, qu'il alloit entreprendre.

Ces Peres dirent cette nouvelle chez le premier Huiffier du Confeil de Brabant en préfence d'un Officier de Ligne, qui la raporta le 16. Mars au matin aux fameux Ingelbien & Bridimus.

Ce Bridimus eut la temerité de faire une Requête au nom de tous les Créanciers du Directeur, quoi qu'il ne fut muni d'aucun ordre ni procure, difant qu'il alloit fe fauver du Pays au préjudice de fes Créanciers, & demandant qu'il fut arrêté.

Il préfenta cette Requête au Surintendant, qui au lieu de la faire communiquer, felon le droit, au Directeur, doit l'avoir communiqué à S. A. S. en l'informant fans doute conformement à leurs deffeins, & ce fut fur cela qu'ils écrivirent au Baron de Sotelet les deux Lettres fuivantes.

MOnfieur le Baron   nous vous faifons Cette de l'ordre exprès de Son Alteffe Sereniffime pour vous requerir, & néanmoins au Nom & de la part de Sa Majefté ordonner de ne pas fortir de cette Ville fous quelque pretexte que ce puiffe être, fans fa permiffion fpeciale, & nous vous prevenons cependant, auffi de l'ordre de Sad. Alteffe Sereniffime, qu'Elle attend inceffanment la refolution de Sa Majefté au fujet de vôtre voyage à Vienne, furquoi Elle a encore écrit par le dernier Courier extraordinaire, qui eft parti vers cette Cour. Atant Monfieur le Baron Dieu vous ait en fa fainte garde. De Bruxelles au Confeil des Finances de Sa Majefté le 16. Mars. 1737. Vidimé BERVOET. Vos biens affectionez les Sur-Intendant & Directeur General Confeillers & Commis defdites Finances.

Signé LE BARON DE LADOS.

Nota. Que la predite Lettre a été remife au Directeur des Droits en main propre par l'Huiffier de la Chambre des Finances, un moment avant douze heures,

MOnfieur le Baron   par nos Lettres de ce-jourd'huy Nous vous avons ordonné de l'ordre exprès de Son Alteffe Sereniffime de ne pas fortir de cette Ville fous quelque pretexte, que ce puiffe être fans fa permiffion fpeciale, & comme cette Augufte Princeffe nous a fait ulterieurement connoître, que fon intention & volonté eft, que cette permiffion doit être par écrit, & que vous nous en faffiez conter dans perte de tems, s'il arrive que Saditte Altesse Sereniffime trouve à propos de vous l'accorder. Nous vous faisons Cette pour vous requerir, & néanmoins au Nom & de la part de Sa Majefté ordonner de vous conformer auxdittes intentions & volonté de Son Altesse Sereniffime. Atant, Monfieur le Baron Dieu vous ait en fa fainte garde. De Bruxelles en Conseil des Finances de Sa Majefté le 16. Mars 1737. Vidimé. BERVOET, vos bien affectionez les Sur-Intendant & Directeur General Confeil & Commis defdites Finances.

Signé LE BARON DE LADOS.

Nota. Que cette feconde Lettre a été remife au Directeur des Droits en maine propre par le même Huiffier, un quart d'heure après la precedente.

Toutes les circonftances de cette tracaflerie firent bien remarquer au Directeur des Droits, que l'on abufoit du nom facré de S. A. S. & qu'il étoit impoffible, qu'en un quart d'heure de tems & à des heures indues, cette Augufte Princeffe auroit donné deux ordres fur une même matiere.

Dans l'incertitude, cependant où l'on étoit, de fcavoir fi S. A. S. avoit expedié & figné fon Decret, pour que ceux des Finances donneroient de pareils ordres, le Directeur crût de devoir deferer provifionnellement aux ordres qu'on lui avoit envoié, & il ceffa dès le même jour d'aller fe promener dans les dehors de la Ville de Bruxelles, comme il étoit accoûtumé de le faire; mais il mit dans le même tems differentes perfonnes en campagne pour decouvrir, fi S. A. S. avoit effectivement figné un Decret, ou fi ceux des Finances, s'étoient arrogé d'eux-mêmes cette autorité.

En peu de jours on fut éclairci à n'en pouvoir douter, que S. A. S. n'avoit figné aucun Decret.

Cependant le Directeur differa de partir : parce qu'aiant écrit à Vienne ce que le Miniftre lui avoit dit avant fon depart, il en attendoit de nouveaux ordres : mais le 23. de Mars 1737. après-midi on vint informer le Directeur de trois endroits differens, que ceux des Finances, non contens de leur premiere demarche, avoient voulu donner l'ordre à l'Huiffier du Confeil d'Etat de l'arrêter : mais qu'il s'en étoit excufé : & qu'enfuite ils avoient donné le même ordre à differentes perfonnes, entre lefquels fe trouvoit l'Agent Bridimus devenu Sergeant, lequel s'en étoit vanté.

Ce furent feulement ces démarches, qui n'étoient que trop véritables, qui firent prendre le parti au Directeur des Droits de ne plus differer fon depart. Il partit dès le même jour à porte fermante, il fe rendit a Liege pour achever les difpofitions qui étoient neceffaires pour fon voyage, & partit pour Vienne le 28. Mars 1737, où il arriva le 7. Avril fuivant : de maniere, que le 18. du même mois, toute la Ville de Bruxelles fut informée fuffifamment de l'arrivée effective du Directeur des Droits dans la Ville Imperiale de Vienne. Et que ce ne pouvoit être que par un efprit de la plus noire malice, que ceux des Finances faifoient divulguer, qu'il s'étoit retiré en Hollande.

Comme l'on a fuffifamment raporté ailleurs ce qui s'eft paffé depuis ledit 18. Avril jufqu'au 18. Mai fuivant, on s'attachera uniquement ici, à rencontrer les trois Placarts qui ont donné matiere au prefent Memoire : & avant de commencer, on renouvelle bien expreffement la foumiffion très-refpectueufe que l'on a & que l'on aura toûjours pour tout ce qui fort de la main augufte de la Sereniffime Archiducheffe Gouvernante, que Dieu conferve : & l'on fuplie cette Princeffe avec toute inftance, que l'on puiffe appeller ici *à minùs informata, ad meliùs informandam*, comme il arrive chaque jour au Tribunal du très augufte Empereur notre très gracieux Seigneur; & que felon cette faveur il foit permis de rencontrer, comme il convient, des Placarts qui font infamans au Directeur, & auxquels la Sereniffime Gouvernante, felon fa pieté & fon équité ordinaire, ne peut avoir eu d'autre part, que de s'être conformée aux Confultes qu'on lui a prefentées.

Celui qui a fait le premier Decret du 18. Mai 1737. a aussi compilé les deux Placarts suivans; Il ne faut pas se donner la peine d'y faire remarquer le même tour & les mêmes expressions; cela sera notoire à la premiere lecture que l'on en fera.

On reduit le contenu de ces trois Placarts à trois points.

1°. Qu'il se seroit glissez dans la Direction des Droits administrée par le Baron de Sotelet des malversations, des mesures dangereuses & secretes, des abus & des desordres, des menées, pratiques & intrigues, des retentions des droits, des compositions & tolerances; enfin des correspondances & negligences prejudiciables au service.

2°. Qu'il auroit fait une faillite & retraite frauduleuse.

3°. Qu'il auroit sequestré des meubles & effets pour les soustraire à la poursuite judicielle de ses Créanciers.

Et l'on tachera de rencontrer ces articles le plus modestement & le plus brievement possible.

Reponse au premier. On ne sçait pas quelle signification ceux des Finances veulent donner à cet assemblage de tous ces grands mots, qui sont repris au premier article. Ils les auront sans doute expliqué aux Seigneurs Conseillers Fiscaux pour pouvoir en faire usage dans la procedure; mais si c'est precisement la matiere du procès, dequoi se mêlent-ils de decider, avant que le Juge ait prononcé, *indé sunt lites?* la fin du procès fera voir, si le Directeur a loïalement servi & si ceux des Finances au contraire l'ont temerairement accusé.

Au second. Puisque ceux des Finances avouent par leur lettre du 16. Mars qu'il leur étoit connu, que le Directeur étoit mandé à Vienne & qu'ils ne pouroient desavouer d'avoir sçu son arrivée dans cette Capitale; puisqu'il sçavoient qu'il y avoit été arrêté à leur requisition dez le 20. Avril; puisqu'ensuite ils n'ignoroient pas qu'il étoit déja transporté à Malines; poura t'on faire passer pour une faillite & retraite frauduleuse, un recours que l'on prend à son Maître commun?

Au troisiéme. Et l'on dira sur le troisiéme point, qu'il resulte de la procedure que le Directeur n'a aucun Créancier; mais qu'il n'a fait que prêter son nom pour le service du Gouvernement; que depuis sa Direction il n'a fait aucune nouvelle dette, que pendant sa Direction il a païé à ces mêmes Créanciers plus qu'il n'a reçu & qu'enfin il n'a distrait aucun meuble ni effets.

Et comme ceux des Finances ont eû l'imprudence de dire qu'ils n'auroient pas le dementi sur ces Placarts; parce que la Serenissime Archiduchesse les avoit signés; on terminera le present Memoire par deux extraits du Livre d'Esther.

Dixitque Aman Regi Assuero . . . Si tibi placet, decerne, ut pereat populus Judæorum: tulit ergo Rex annulum, quo utebatur, de manu suâ, & dedit eum Aman hosti Judæorum, dixitque ad eum de populo, age quod tibi placet. Libri Esther Cap. 3.

Respondítque Rex Assuerus Esther & Mardochæo, domum Aman concessi Esther, & ipsum jussi affigi cruci, quia ausus est manum mittere in Judæos: scribite ergo Judæis, sicut vobis placet, Regis nomine, signantes litteras annulo meo. Libri Esther Cap. 8.

Decret

Suivent les trois Placarts, desquels il est fait mention au present Memoire.

DECRET DU CONSEIL DES FINANCES
du 18. May 1737.

Eux du Conseil des Domaines & Finances de l'Empereur & Roy, voulant pourvoir *aux abus & aux desordres, qui se sont glissez dans la precedente Direction* des Droits d'Entrée & Sortie confiés au *Baron* Adam Joseph *de Sotelet,* & decouvrir & extirper toutes les mauvaises manoeuvres, qui se pratiquent dans l'administration d'une branche si considerable des Domaines de Sa Majesté, ont pour & au Nom & de la part de Sadite Majesté, en conformité de la resolution de Son Altesse Serenissime, defendu & defendent bien expressement par les presentes aux Employez des mêmes Droits de quitter leurs postes, ou de s'en absenter sans une permission par écrit du Conseil, sous quelque pretexte que ce soit: & ordonnent à tous Employez principaux & subalternes, Receveurs, Contrôleurs, Officiaux, Brigadiers, Commis, Gardes & autres Officiers desdits Droits d'écrire directement au Conseil des Finances pour l'informer de toutes *les menées, pratiques, intrigues, retentions des droits, compositions, tolerances, correspondances, negligences, & generalement de tout ce qui s'est fait & se fera de* leur connoissance au prejudice des Droits d'Entrée, Sortie, Tonlieux, Convoy, &c. de Sa Majesté, tant contre les Tarifs & Ordonnances pour la perception desdits Droits, que contre ce qui est statué pour la depêche des Acquits de paiement, Acquits à caution & Passavants, en designant leur qualité & le Bureau ou Departement dans lequel ils sont emploiez: permettant aussi à tous ceux, qui ont été congediés sous la Direction dudit Sotelet, d'écrire directement au Conseil tout ce qui s'est *fait avant leur demission au prejudice du service,* en detaillant chaque fait avec ses circonstances, & les preuves qu'on peut en avoir: promettant à ceux qui feront des decouvertes interessan-

¶ 13.

tes, & qui pourront les verifier ou demontrer, qu'ils seront recompensés soit par des promotions, gratifications ou autrement, prevenant cependant un chacun, qu'ils aient à être aussi courts dans leurs lettres, que faire se peut, pour ne pas fatiguer le Conseil avec des choses inutiles ni avec des narrations superflues, & sur tout d'éviter d'écrire des choses fausses ou calomnieuses, qui meriteront l'indignation du Conseil & telle peine que de raison : & au cas que lesdits Employez restent dans le silence sur ce qui s'est passé, & sur ce qui se passera au prejudice desdits Droits, dont ils auront connoissance, ils seront punis par deposition de leurs Emplois & par interdiction d'en posseder aucun, suivant l'exigence du cas. Fait à Bruxelles au Conseil desdittes Finances le 18. May 1737. Signé le Marquis D'HERZELLES, J. J. BERVOET, PAPEJANS dit DE MORCHOVEN.

Nota. Que ce Decret aiant été imprimé & envoyé à tous les Bureaux des Droits ; peu de jours après on l'a supprimé, & on en a fait retirer tous les Exemplaires par où l'on reconnoît icy comme tout ailleurs la passion & la precipitation avec laquelle ce Conseil agit ; pas seulement contre le Directeur des Droits, mais même contre ses instructions, puisque ce Conseil n'étant que consultatif n'avoit aucun droit de produire un Decret de cette espece.

PLACART DE S. A. S. du 11. Juin 1737.

MARIE ELISABETH, &c.

ES Conseillers Fiscaux de Sa Majesté Imperiale & Catholique, qui sont chargés ensuite de sa depêche royale datée de Vienne le 18. du mois de May passé de prendre soigneusement toutes les informations necessaires dans la cause du Baron Adam Joseph De Sotelet, ci-devant Directeur General des Droits d'Entrée, *tant à cause de malversation dans cette administration, que par raport à sa faillite & retraite frauduleuse de ces Pays-Bas en prejudice de ses Creanciers :* Nous ayant fait connoître, que plusieurs effets & meubles du Baron Adam Joseph de Sotelet ont été remis & deposez dans les mains de differens particuliers pour les fouftraire à la pourfuite judicielle, & voulant être informé de tous les meubles, argent & effets detournez Nous ordonnons au Nom & de la part de Sa Majefté Imperiale & Catholique à tous fes Sujets de quelle qualité & condition qu'ils puiffent être, qui font detenteurs, ou depofitaires, de quelques effets, meubles, vaiffelles, tableaux, papiers, habits & autres chofes quelconques venant de la maifon dudit Sotelet, ou lui apartenant, d'aller en faire une pertinente Declaration par ecrit au Confeiller Procureur General du Grand Confeil de Malines dans la huitaine après la publication des Prefentes, à peine d'être traitez fuivant la rigueur du Droit & des Placarts, & ledit terme de huit jours étant écoulé, Nous enjoignons à ceux qui auront connoiffance, que des Particuliers detiennent quelqu'uns defdits effets fans les avoir declarez, de les denoncer audit Procureur General, dont ils feront recompenfez à proportion de l'importance des effets, qu'ils decouvriront. Fait à Bruxelles le 11. Juin 1737, étoit paraphé H A G. Vt. Signé MARIE ELISABETH. Plus bas par Ordonnance de S. A. S. contrefigné J. F. DEVOS.

***

AUTRE PLACART du 18 Juin 1737.

MARIE ELISABETH, &c.

A Majefté Imperiale & Catholique aiant trouvé bon de charger par fa depêche royale datée de Vienne le 18. du mois de May paffé les Confeillers Fifcaux de fon Grand Confeil de prendre foigneufement toutes les informations neceffaires dans la caufe du Baron Adam Jofeph Sotelet ci-devant Directeur General des Droits d'Entrée & de Sortie, *tant à caufe de malverfation dans cette adminiftration, que par raport à fa faillite & retraite frauduleufe de ces Pays-Bas au prejudice de fes Créanciers*, ils nous ont fupplié de vouloit leur faciliter les moyens à parvenir à cette connoiffance : ce que par nous confideré & qu'il convient d'être informé de tout ce qui s'eft paffé durant laditte adminiftration & direction & des ordres, qui ont été donnez en ce tems là, condefcendant à leurs juftes demandes, nous promettons aux Officiers & Employez, qui aiant fervi pendant laditte Direction, decouvriront *les mefures dangeureufes & fecrettes*, qui peuvent avoir été pratiquées par ledit Baron

De Sotelet durant l'exercice de saditte Direction, qu'ils seront
continués dans leurs Employs, ou qu'ils pouront s'attendre à
d'autres douceurs & recompenfes de nôtre part, outre l'impunité des excès, qu'ils peuvent avoir commis eux mémes : fauf
& excepté en tous cas la diverfion des deniers de la Recette
des Bureaux principaux & Subalternes : pourveu qu'ils fe declarent fincerement & de bonne foy là deffus dans le terme d'un
mois aprés la Publication de la prefente Ordonnance foit au Confeil des Domaines & Finances de Sa Majefté ; au Confeiller Procureur General du Grand Confeil, ou au Juge des Droits établis
dans le Departement, où ils ont été employés. Mais en cas qu'ils
manquent de faire les déclarations & decouvertes, dont il s'agit
dans ledit terme d'un mois, Nous voulons, qu'ils foient aban-
donnés à la rigueur des Loix & Ordonnances, à la diligence &
pourfuite de qui il apartient, prevenant cependant un chacun, que
nous voulons, qu'ils ayent à fe declarer avec brieveté & precifion
en evitans des Narrations fuperflues & inutiles & en s'abftenant
d'avancer des fauffetés ou de faire des allegations calomnieufes
à telle peine que de raifon. Fait à Bruxelles le 18 Juin 1737, étoit
paraphé H A G V. Signé **MARIE ELISABETH** Et plus
bas par Ordonnance de S. A. S. Contrefigné **J. F. DEVOS.**

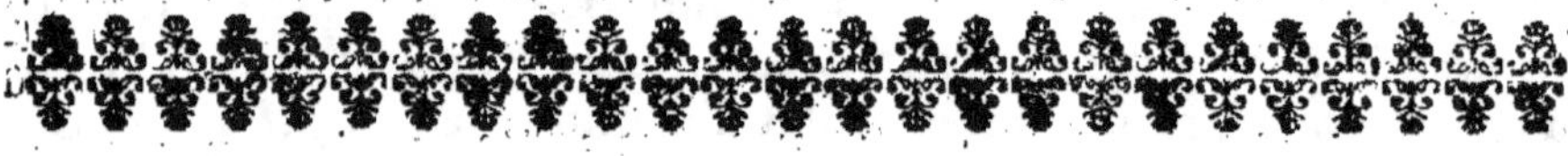

Mémoire instructif sur l'emprisonnement d'A. J. ORBAN Receveur principal des Droits á Navagne.

CEux qui ne connoissent point ce qui se passe au regard des Droits de l'Empereur dans les Pays-Bas, auront peine à concevoir un evenement aussi singulier que celui qu'on va raporter. Pour tâcher de les mettre au fait & en état d'en pouvoir juger; il faudra remonter à la source & entrer dans un detail d'explications, qui seroient inutiles pour ceux qui voyent les choses de plus près.

L'Empereur ayant donné au Baron de Sotelet la Direction Generale des Droits d'Entrée & de Sortie pour le terme de dix ans, à commencer le premier de Juillet 1735. Le Gouvernement lui en fit expedier la Patente par laquelle, conformement au Decret de Sa Majesté on lui accorde par année 240. mille florins pour tous les fraix en general : & par l'article 12. de cette Patente on lui assigne *assigna* sur la Recette de Bruxelles, le payement tant de ses apointemens, que de ceux des Officiers de son Bureau de Direction, & des fraix particuliers d'icelui. Après quoi le Conseil des Finances enjoignit à tous les Receveurs principaux de reconnoître le Baron de Sotelet pour Directeur General, & de suivre ses ordres en cette qualité.

A la fin du mois d'Août Orban fut commis par le Directeur en la place de Gutschoven à la Recette principale de Navagne : & il s'en mit en possession, après avoir remboursé Gutschoven des 5000. florins avancés au Gouvernement pour caution de cette Recette. Il avoit deja exercé le même emploi sans reproche & à la satisfaction de ses Superieurs, depuis le commencement de l'an 1732. jusqu'en Novembre 1733. Il a continué de même, en obéissant exactement à son Directeur, & c'est dequoi l'on pretend aujourd'hui lui faire un crime.

A la liste des gages des Employez que devoit païer le Receveur de Navagne, le Directeur avoit ajouté ceux d'un Inspecteur general, & d'un Inspecteur particulier pour les Provinces de Limbourg, Luxembourg Gueldre & Namur: d'où l'on fait naître deux questions.

L'une, si le Directeur a pû assigner le payemens des gages de ces Inspecteurs sur le Bureau de Navagne.

L'autre, si le Receveur a dû les païer.

Que le Directeur ait eu ce pouvoir, personne de bon sens n'en doutera, & ne manquera de dire que ces gages faisant partie des fraix de la Direction generale, & la somme fixée de 240. mille florins pour les païer tous, se tirant de la Recette totale des Droits, il importe peu aux interets de Sa Majesté si l'on acquitte cette partie dans un Bureau ou dans l'autre.

Le Conseil des Finances raisonne tout autrement, & soutient que les Inspecteurs ont dû être païés par le Bureau de Bruxelles, quoique ce Bureau n'ait été designé que pour les seuls fraix de celui de la Direction & pour les gages du Directeur General. Il faudroit pour sauver ce raisonnement du Conseil, supposer qu'il regarde les Inspecteurs comme Officiers du Bureau de la Direction. Mais pourquoi supposer faux? chacun sçait bien qu'ils ont inspections sur tous les Bureaux des Droits, & qu'ils n'exercent aucune fonction dans celui du Directeur.

Si le Directeur s'étoit avisé de faire païer leurs gages à Bruxelles, il auroit

été reprehensible , comme contrevenant au douzieme article de sa Patente: Il
falloit donc bien qu'il les assignât sur un autre Bureau , & puisquil étoit indif-
ferent sur lequel , il en a chargé celui de Navagne. Mais ce Receveur a t'il dû
y souscrire ? c'est la seconde question renfermée dans celle ci.

Quand un Superieur commande doit on lui obeïr ?

Il seroit absurde d'en disconvenir, dira-t-on : cependant le Receveur pour s'ê-
tre conformé aux ordres des Finances , & à ceux de son Maître, est traité en
Criminel. Il s'est conduit selon la droite raison , & ne s'est point imaginé que le
Conseil eut voulu le contredire , & dominer sur elle : Mais c'est ce qu'il auroit
dû deviner , & croire que désobeïr à ses Superieurs , c'étoit faire son devoir.
Le Juge des Domaines & Droits de Sa Majesté au Departement de Limbourg , s'étant rendu par ordre du Conseil le 27. de Janvier 1737. au Bureau
de Navagne pour y faire fond de caisse ; le Receveur lui remet tous ses Régis-
tres , exhibe toutes ses quittances & fait voir qu'il ne doit rien. Ce Juge se reti-
ra satisfait , mais le Conseil ne l'étoit pas : & pour faire le Receveur Orban redevable voici comme on s'y prit.
Ceux de la Chambre des Comptes l'interpellerent à venir leur rendre compte des
seize mois de sa Recette échûs le dernier de Decembre 1736. Il part sur le champ,
presente ses comptes à la Chambre , & y prête le serment requis.
Dans le même tems le Conseil ordonne un second fond de Caisse , avec défen-
se d'allouer au Comptable les quittances des Inspecteurs , qui se montent à 5156.
florins. Le Juge travaille seul ; compte comme on dit, sans son hôte ; & fait Orban
reliquataire, l'on ne sait sur quoi , d'une somme de 6850. florins , pour laquelle
le Conseil des Finances, sans la verifier & sans la lui avoir demandé, le fait
saisir au corps le 15. de Fevrier au sortir de la Chambre des Comptes ; où il venoit de finir celui des quatre derniers mois de 1735. & commencé le suivant pour
les six premiers mois de 1736. Il faut remarquer en passant, qu'on s'est servi pour
ce bel exploit, d'un Huissier du Conseil Privé, par qui il auroit dû être autorisé
sur une requisition des Finances ; mais que ne l'étant point , l'Arrêt devoit être
censé nul.
Orban , qui ignoroit ce défaut de formalité , aussi bien que la cause de son
arrêt, se laisse conduire à son Auberge ; où il est gardé à vuë par l'Huissier &
trois Records jusqu'au onzieme de Mars, qu'il a été transféré dans la prison
du Truremberg, sans qu'il lui fut permis de parler à qui que ce soit.
Voila donc un prétendu reliqua de Compte ; un Arrêt incompetant ; & un
Emprisonnement qui ressemble fort à l'Inquisition ; comme l'a dit hautement
un des premiers Officiers de Justice.
Premierement, l'on n'a jamais ouï dire qu'un Compte formé par une seule
des Parties obligeat l'autre au payement du Reliqua.
Il faut pour cela qu'on soit convenu entre toutes les Personnes interessées
celui-ci ne pouvoit se faire que par Orban & le Commissaire nommé :
Orban n'y pût intervenir, parce qu'il étoit absent ; ainsi le Reliqua, s'il s'en
est trouvé, ne pouvoit l'obliger au plus qu'à rendre ses Comptes dans les formes ordinaires. Mais c'est à quoi il étoit occupé, lorsqu'on s'est saisi de sa Personne. Il est donc visible qu'en vertu de ce fond de Caisse fait sans son intervention, l'on ne pouvoit encore le faire redevable à juste titre ; bien loin d'ê-
tre en droit de l'arrêter.
Si de ce chef il n'étoit pas arrêtable ; il l'étoit encore moins jouïssant des
Privileges des Limbourgeois qui sont reputés Brabansons.
On dira peut-être , qu'on ne respecte point de Privileges quand il s'agit des
deniers Royaux ; cela est vrai : mais depuis quand ceux des Finances s'arrogent-
ils une Jurisdiction qu'ils n'ont jamais eüe ? Il suffit de dire qu'il n'apartient
qu'au Conseil privé & à la Chambre des Comptes de connoître de cette matie-

re, & que tous autres qui voudroient s'en mêler, doivent être regardés comme simples particuliers, à qui il n'est point permis d'enfreindre ces Privileges.

Mais supposons que le Conseil des Finances ait l'autorité qu'il s'attribue. Devoit il, ou pouvoit il en user de la maniere & dans le tems qu'il l'a fait? Ne falloit-il pas que le Receveur eut été trouvé reliquataire par la cloture de ses Comptes rendus dans les formes? Ne devoit-on pas ensuite le sommer au payement, & en cas de défaut n'étoit-il pas toûjours tems d'employer la contrainte permise suivant les Loix, plûtôt que d'en venir brusquement à une violence qui revolte & la justice & la raison?

Faisons une autre supposition: sçavoir, que le Conseil des Finances desaprouvant aujourd'hui l'obeissance qu'il a ordonné de rendre au Directeur, soit en droit de ne pas admettre les payemens que le Receveur de Navagne a faits en consequence. L'on demande, si dans la rigueur du Droit il n'auroit pas au moins dû donner le tems au Receveur, d'appeller le Directeur en garantie, pour lui rembourser cette somme de 5250. florins ou pour la lui faire passer en compte? Le Conseil prétend que non, & prétend de plus être en pouvoir d'en ôter tous les moyens au Receveur, en l'empêchant de parler à personne.

Supposons enfin que le Receveur soit effectivement tombé en faute, & qu'il n'ait ni raison, ni pretexte pour s'en relever. Encore un coup ce n'étoit point au Conseil à l'en punir. Tout le monde sait qu'étant simplement l'Oeconome des Finances de Sa Majesté il n'a aucune jurisdiction contentieuse, ni par consequent aucun droit de decerner des contraintes, encore moins des Decrets de prise de corps. Cependant nonobstant toutes ses fausses suppositions, le fait est arrivé: & s'il paroit extraordinaire; ce qui reste à dire, ne le paroitra pas moins.

Le Receveur Orban ayant été arrêté le 15. Fevrier 1737. comme on l'a dit; il en porta sa plainte le 18. à la Chambre, en y joignant un aperçu des Comptes qu'il avoit à rendre, & toutes les Pieces justificatives. Mais sa Requête ne produisit rien, non plus que celle qu'il fit présenter le 19. à Son Altesse Sereniffime & qui fut renvoyée à l'avis du Conseil des Finances, où elle est restée.

Le Directeur en parla à Son Excellence le Grand Maître, qui lui répondit que ce dont le Receveur pouvoit être redevable, n'étoit pas la cause principale de son arrêt, & qu'il y avoit *autre chose* à sa charge.

Son Excellence ne s'expliqua point davantage, & c'est ce qui intriguoit fort tous ceux qui s'interessoient pour l'Arrêté. Le 11. de Mars le lendemain du départ de Son Excellence pour Vienne, on le conduisit en prison; & le vingt à trois heures après midi le Procureur General de Brabant s'y rendit par ordre du Conseil des Finances, pour interroger le prisonnier; qui ne s'attendant à rien moins qu'à une telle apparition, en est d'abord interdit. Non que sa conscience lui reproche la moindre chose; mais il craint tout de l'animosité de ses Parties, qui se declarent en même tems les Juges. L'on ne commença à développer les Mots mysterieux de Son Excellence le Grand Maître qu'aprés qu'on fut informé des Articles de l'Interrogatoire, en voici les principaux.

„ Si le Prisonier n'avoit pas compté de l'argent par ordre du Baron de Sotelet à
„ Monsieur de Rossi Secretaire du Marquis de Prié, & combien.

„ S'il ne sçavoit pas que le Baron de Sotelet eut achetté du Marquis de Prié des
„ Terres & Seigneuries situées au Pays de Liege, provenantes de Madame de
„ Woort.

„ Si ledit Baron n'a pas fait sortir par son Bureau des ballots de marchandises
„ sans en payer les Droits.

„ Et s'il ne sçait pas que plusieurs Receveurs des Provinces de Limbourg & de
„ Luxembourg ayent porté de l'argent audit Sieur de Rossi à Liege.

Il a repondu.

„ Que pendant l'administration du Baron de Sotelet, il avoit porté un petit sac

„ d'argent à Monsieur de Rossi : qu'il ne se souvenoit pas de la somme, mais
„ qu'elle n'étoit pas grosse.
   „ Qu'il ne connoissoit aucune Terre apartenante au Baron de Sotelet.
   „ que jamais il n'avoit laissé passer par son Bureau des balots de marchandises,
„ sans que les Droits en fussent payés, & que le Baron n'y en avoit fait passer
„ aucun.
   „ Enfin qu'il ignoroit, si quelque autre Receveur avoit porté de l'argent à Mon-
„ sieur de Rossi.

Ce seroit abuser de la patience du Lecteur & le prendre pour dupe, si l'on s'a-
musoit à gloser sur cet interrogatoire; car où est l'homme assez depourvu d'esprit,
pour penser que l'aveu de ces faits pût charger le Receveur Orban, & que par
là il eut merité d'être resserré dans un trou comme un Criminel d'Etat? On l'y
laisse cependant, & ce ne fut qu'après trois semaines qu'on lui donna la liberté de parler & de se promener dans la prison, parce qu'il étoit devenu malade,
& que sa vie étoit en danger. Le Procureur Général revint à la charge, lui fit les
mêmes questions, en lui insinuant qu'il étoit trop serré dans ses reponses, & que
pour sortir d'affaire, il devroit s'expliquer plus ouvertement. Cela veut dire, selon
les discours du Public, que le Conseil des Finances vouloit le forcer à servir de
faux témoin contre le Baron de Sotelet; & qu'en refusant d'imposer à celui ci des
crimes imaginaires, il se rendoit lui-même coupable.
   Quelque tems après, comme il eut apris qu'on avoit coulé ses Comptes à la
Chambre, il fit présenter au Conseil une Requête, dont voici la teneur.

REmontre en très-profond respect A. J. Orban Receveur des Droits de Sa
Majesté au Bureau principal de Navagne, qu'ensuite de l'Apostille à sa Requête présentée à Vos Seigneurs Illustrissimes, de commettre quelqu'un pour a-
chever la Reddition de ses Comptes, il a denommé à cet effet l'Agent Mertens,
lequel s'étant présenté à la Chambre, a trouvé qu'ils étoient deja clos & arrêtés
sans l'intervention de personne de la part du remontrant. Que même il n'en a pû
avoir inspection sans avoir préalablement payé le penegelt, ce qui aiant été fait,
non sans grande difficulté, vû le triste état où le Remontrant est reduit; il a reconnu qu'on le faisoit redevable de la somme de 6229. florins, provenant de
quelques parties qu'il n'auroit jamais crû lui pouvoir être rayées.
   C'est pourquoi il y a fait ses reflexions le plus succintement qu'il lui a été possible, & qu'il prend la liberté de joindre ici.
   Suppliant très-humblement V. S. I. après qu'elles y auront prêté une équitable attention, de vouloir lui faire allouer lesdites Parties rayées, & de le faire
élargir ensuite, avec telle indemnisation qu'elles trouveront convenir. C'est la grace qu'il attend de son innocence & de la bonté de V. S. I. Quoi faisant &c.

*Reflexions sur les Sommes royées dans les deux Comptes du
Receveur de Navagne A. J. Orban pour l'année 1736.*

On roye pour l'année des gages de l'Inspecteur General la somme de   f 3085 : 14 : 4

Nota. que la reduction n'est pas juste. Ces deux sommes doivent faire f 4500.

Et pour onze mois de ceux de l'Inspecteur des Provinces de Namur, Luxembourg & Limbourg, la somme de   f 1414 :   : 5

En argent de change. f 4499 : 14 : 9

En argent courant   f 5250 :   :

APOSTILLE.

Comme pareils Gages doivent être payés hors la Somme de 4615. florins que le Receveur Principal de Bruxelles doit fournir par mois au Directeur General le Baron De Sotelet suivant l'Article 12. de ses Lettres Patentes du 29. Août 1735. & que le Rendant ne pouvoit le faire au préjudice des Sommes qu'il devoit payer à La Veuve Proli. sans ordre exprès du Conseil des Finances, se roye la Somme hors ligne & la Quittance restituée.

REFLEXION.

Le Rendant a payé ces Gages comme ceux des autres Officiers de son Departement par ordre du Conseiller Directeur General, qui en a certifié la Liste rendue à la Chambre des Comptes. Et comme il a été ordonné par le Conseil des Finances à tous les Receveurs Principaux d'obeïr au Conseiller Directeur General, le Rendant a dû s'y conformer sous peine de disgrace. Et il croit en consequence ne pas avoir merité de reprehension en y satisfaisant. D'ailleurs n'ayant point eu communication des Lettres Patentes dudit Directeur General, il ignoroit absolument si les Gages en question devoient être payés *hors la Somme* assignée sur le Receveur de Bruxelles. C'est donc au Directeur General seul à rendre compte de cette gestion, & point au Rendant qui ne pouvoit qu'obeïr à son Superieur immediat sans autre examen; & n'ayant point eu d'ordre contraire de la part du Conseil.

On roye encore dans le premier Compte de 1736 pour papier, plumes, ports de lettres & paquets &c. La Somme de - - - - f 43 : 6 : 8

Et dans le second. Pour pareille depense - - f 22 : 13 : 4

Argent de change f 66 :

En argent courant f 77 :

APOSTILLE.

A compter sur le Conseiller Directeur General Baron de Sotelet. Payé faute de Quittance.

REFLEXION.

Cette depense pour port de lettres & paquets a toujours été passée au Rendant, comme aux autres Receveurs sous simple affirmation, ainsi que les autres menus fraix des Bureaux, quand ils ne pouvoient avoir de quittances, & ce par le Directeur General, comme faisans partie des fraix de sa Direction & avec qui l'on doit egalement compter.

Pour avoir vaqué à l'audition de ses comptes à venir & retourner - - f : :

APOSTILLE *margée au dernier Compte.*

Sur le contenu de cet article il sera disposé, & pour les deux Comptes precedens, attendu que le Rendant se trou-

REFLEXION.

Il est bien douloureux au Rendant d'avoir été arrêté pour une pretendue redevance de florins 6850. dans le tems qu'il vaquoit à l'Audition de ses

¶ 15

ve arêté de la part du Ministere, il en sera traité dans la suite.

Comptes ; par la cloture defquels, malgré les parties royées contre toute attente, on le fait feulement redevable de fl. 6229. laquelle Somme cependant lui devroit être allôüée fans difficulté, fi l'on veut bien faire attention qu'il l'a payée à la bonne foi : que l'obeïffance duë à fon Superieur l'y obligebit, & qu'il fe feroit rendu coupable s'il y avoit manqué. Il paroit donc, fous correction très-humble, que le Miniftere a été furpris dans le motif pour lequel on a interpofé arrêt fur la Perfonne du Rendant : c'eft pourquoi il le fupplie avec refpect & foumiffion de vouloir ordonner fon élargiffement, de le faire indemnifer, & paffer fes Vacations fur le pied des autres Rendants : d'autant plus qu'il a payé comme eux le Penegelt, qui porte pour fes trois Comptes la fomme de 70. florins

On oublioit de raporter ici une circonftance très-effentielle, fçavoir, qu'Orban avoit d'abord offert de donner caution, ou de païer comptant ce qu'il pourroit redevoir au deffus de fon avance de 5000. florins, Mais par je ne fçais quel rafinement de politique, pour ne pas dire de tyrannie, on a rejetté cette offre. On a fait plus, on a arrêté à Navagne tous les effets de ce pauvre prifonnier, où ils dépériffent chaque jour. Il a demandé en grace qu'on voulût lui envoyer fa Robe de chambre pour fe garantir du froid : & le Confeil toûjours pitoyable, l'a charitablement refufé.

Pour revenir à la Requête, il eft vrai qu'elle a été incontinent remife au Confeiller Papejans, pour en faire fon raport, & quelque mois après à fon fucceffeur le Greffier Capon. Mais on n'en eft pas plus avancé : l'un n'eft pas plus expeditif que l'autre, ou on ne veut pas l'être : l'on a prié, preffé, follicité pour obtenir un Oüi ou un Non, & le tout en vain. Le feul parti qui refte donc à prendre pour de pareilles victimes de l'oppreffion ; c'eft d'implorer la clemence & la juftice de Sa Majefté Imperiale.